溪畔成长 智慧家教

蓬溪县妇女联合会◎主编

中国妇女出版社

图书在版编目（CIP）数据

溪畔成长　智慧家教 / 蓬溪县妇女联合会主编．
北京　：中国妇女出版社，2025．9．-- ISBN 978-7-5127-2500-3

Ⅰ．G78

中国国家版本馆CIP数据核字第2025CH1449号

责任编辑：王海峰
封面设计：末末美书
责任印制：李志国

出版发行：中国妇女出版社
地　　址：北京市东城区史家胡同甲24号　　邮政编码：100010
电　　话：（010）65133160（发行部）　　65133161（邮购）
网　　址：www.womenbooks.cn
邮　　箱：zgfncbs@womenbooks.cn
法律顾问：北京市道可特律师事务所
经　　销：各地新华书店
印　　刷：小森印刷（北京）有限公司

开　　本：165mm×235mm　1/16
印　　张：15.5
字　　数：140千字
版　　次：2025年9月第1版　　2025年9月第1次印刷
定　　价：49.80元

如有印装错误，请与发行部联系

编委会

序 言

家庭教育是人生一切教育的基石。习近平总书记指出，家庭是人生的第一所学校，父母是孩子的第一任老师，要帮助孩子扣好人生第一粒扣子、迈好人生第一个台阶。2022 年，《中华人民共和国家庭教育促进法》正式实施。该法旨在弘扬中华民族重视家庭教育的优良传统，引导全社会注重家庭、注重家教、注重家风，增进家庭幸福与社会和谐，培养德智体美劳全面发展的社会主义建设者和接班人。该法的颁布实施，标志着家庭教育正式从“家事”上升为“国事”，在全社会引起强烈反响。

回望中华民族数千年文明史，先贤俊杰的成功无不源自优良家教的滋养。从孔子“过庭闻礼”、孟母“断机教子”，到岳母刺字，再到诸葛亮诫子“淡泊明志，宁静致远”、曾国藩教子“尽孝悌，除骄逸”，这些承载着智慧与美德的家教故事，源远流长，历久弥新。

然而，审视当下，部分家长唯恐孩子“输在起跑线上”，过度关注学业成绩与考试分数，以致相对忽视了孩子健全人格的塑造、道德品质的培育和心理健康的呵护，家庭教育在不同层面呈现出亟待解决的突出问题。家庭究竟该如何作为，才能有效陪伴、科学引导、助力孩子成长为身心健康、德才兼备、有益于社会的时代新人？这已成为备受社会关切的难点与焦点议题。

正是基于对这一时代命题的深刻回应，并结合蓬溪县近年来家庭教育的具体实践，蓬溪县妇联会同县关工委、县教育局等单位，精心编撰了《溪畔成长　智慧家教》一书。本书以智慧家教、家教宝典、家教现场、案例分享四大篇章为架构，力图多角度、多层次解读新时代智慧家教的真谛与路径，将行之有效的家教方法、启迪人心的成功案例以及富有教益的教育故事，分享给广大家长朋友。

古语云：“十年树木，百年树人。”期待“智慧家教”理念能得到广大家长的高度重视；期待这源自实践的智慧结晶能在万千家庭中落地生根、开花结果；更期待越来越多的家长能真正肩负起家庭教育的主体责任，学习、掌握并善用科学有效的家教方法。

《溪畔成长　智慧家教》一书定能成为广大家长实现美好教育愿望的有力支撑，成为教育工作者和社会工作者开展家庭教育指导服务的得力助手。愿此书能为推动蓬溪县乃至更广范围的家庭教育迈上新台阶，贡献一份坚实的智慧力量！

中国家庭教育学会常务副会长兼秘书长、首席家庭教育专家

全国妇联机关党委原常务副书记

2025.6

目录

CONTENTS

第三章　智慧家教现场

第一章

什么是智慧家教

在家庭教育中，只有智慧家长才能让孩子变得更加优秀。要成为智慧家长，首先要弄懂什么是智慧家教，如何实施智慧家教，继而用正确的方式方法教育孩子，成就孩子的美好未来。

第一节　智慧家教解读

智慧家教的概念

“智慧家教”是智慧家庭教育的简称，是一种以科学理念和方法为基础，充分利用现代理念和资源，提升家长教育技巧和家庭教育质量的家庭教育方式。它强调家长在孩子成长过程中的重要作用，认为家庭氛围、亲子沟通、教育方法等因素对孩子全面发展具有深远影响，认为家长要以理性的方式引领孩子成长。这意味着家长需要持续学习，提升自己的教育能力，深入了解孩子的需求与特点，并运用科学有效的教育方法引导孩子健康成长。在这种教育模式下，家长要注重与孩子建立良好的沟通和信任关系，充分尊重孩子的个性和兴趣，鼓励他们积极参与家庭和社会活动。家长还要为孩子提供丰富的学习资源和环境，以培养他们的自主学习能力和创新思维。此外，智慧家庭教育也注重孩子情商培养和社交技能的引导，旨在让他们学会与人合作、分享，以及关心他人。同时，家长也要引导孩子培养责任感，懂得尊重他人和回报社会。

综上所述，智慧家庭教育是一种全面、科学、个性化的教育方式，其目的是帮助孩子成为具备道德观念、智慧、情感丰富、有责任感的个体，为他们的未来发展奠定坚实的基础。

不同视角下的家教

学校视角下的家教

教师和家长的角色定位虽不同，但对孩子的学习成长肩负着各自的责任。家校合作是学校教育与家庭教育的一种融合方式，它能有效联动家长、教师和孩子，形成一个开放、包容、合作的闭环式教育路径。家校合作倡导家庭教育和学校教育相辅相成，从不同角度关注孩子的全面发展。

学校可以通过家长学校、家长会、家访等多种渠道传递正确的家庭教育理念。教师应与家长以平等、友好的态度交流，用耐心和专业知识协助家长树立正确的教育理念，同时可以分享身边优秀家教案例，用成功实例影响家长，共同为孩子的全面发展营造优良环境。

家庭视角下的家教

家庭教育对于孩子社会化和道德品质的发展扮演着关键角

色。通过家庭教育，父母可以与孩子建立特有的情感联结，传递关爱和期许，达成沟通与传承，还可以培养孩子正确的世界观、人生观、价值观。

家庭是孩子社会化教育的最小执行单元，它可以将社会文化价值观传输给下一代，在个人发展和社会秩序的维系中扮演着重要的角色。家庭教育可为孩子提供最基本的情感支持，孩子在家庭中能获得情感满足和安全感知，父母的爱和关怀有助于培塑孩子的自尊和自信，良好的亲子关系有利于孩子确立正确的自我认知和努力方向，良好的家庭氛围和正向的期望会激发孩子对学习的渴望。

○ 社会视角下的家教

从社会学的角度来看，家教不仅仅是家庭的教育，它还与社会发展、文化传承和核心价值观等息息相关。良好的家庭教育是孩子有序社会化的关键，对于传承民族文化、培育社会公德都扮演着重要角色，是推进社会向前发展的巨大动力。

家庭作为社会的细胞，家庭成员的品德和修养直接影响着社会风气，家庭教育可为孩子的情操陶冶、全面发展奠定基础。在现代社会中，多孩家庭的增加、留守家庭的客观存在、传统家庭观念的断崖式改变、社会进程与新时代教育方式的正面碰撞等，均为家庭教育带来了全新的挑战，也给我们带来了思考的空间。

智慧家教的内涵

○ 高效沟通

● 创造良好的沟通环境。家长应营造一个轻松、相互信任的氛围，这能让孩子感到安全和舒适，愿意与家长分享自己的内心世界。

● 积极倾听。在与孩子交流时，家长要全神贯注地倾听，不打断孩子，用眼神和肢体语言表达对孩子的关注和理解。

● 鼓励表达。给予孩子充分的表达机会，让他说出自己的想法、感受和需求。家长可以通过提问、游戏等方式，帮助孩子组织语言，提高表达能力。

● 尊重孩子的意见。重视孩子的观点和建议，让他感受到自己存在的价值。在家庭决策过程中，可以适当采纳孩子的意见，增强他的参与感。

● 培养同理心。引导孩子学会站在他人的角度思考问题，理解他人的感受和需求。家长可以通过角色扮演、故事分享等方式，培养孩子的同理心。

● 强调团队协作。在家庭活动和游戏中，要注重培养孩子的团队协作意识，让孩子明白每个人都有自己的特长和不足，只有共同合作才能取得好的效果。

● 解决冲突。当亲子之间出现分歧或冲突时，家长要冷静处理，通过沟通和协商解决问题，教导孩子学会尊重他人的观点，寻找共赢的解决方案。

○ 习惯养成教育

● 时间管理方面。帮助孩子制订合理的学习计划与日程安排，教导他有效地利用时间，避免拖延和浪费。这不仅有助于培养孩子的自律，还能提高他的学习效率。

● 生活习惯培养方面。保证孩子有充足的睡眠时间，让他们养成按时起床、吃饭和休息的良好习惯。这样可以使孩子保持充沛的精力，更好地应对学习和生活的挑战。

● 饮食健康方面。为孩子提供营养均衡的食物，鼓励他少吃垃圾食品，多吃水果和蔬菜。此外，家长可以与孩子一起参与烹饪过程，让他了解食物的营养价值和制作方法，进而培养健康的饮食观念。

● 以身作则方面。家长要注意自己的言行举止，展现良好的生活习惯，例如保持规律的作息、坚持健康的饮食、热爱运动等，通过言传身教，让孩子在潜移默化中受到积极的影响。

○ 学业指导与支持

- 关注学习情况。密切关注孩子的学习情况，包括各科成绩、作业完成情况、学习态度等。定期与孩子沟通，了解他们在学习中遇到的问题和困难，并及时给予支持和帮助。

- 提供辅导和帮助。帮助孩子查漏补缺，为孩子检查作业，鼓励孩子积极参加学习小组，与其他同学共同学习和进步。

- 利用好在线教育平台。筛选适合孩子的在线教育平台，为他们提供个性化的学习内容，帮助他们巩固知识、拓宽视野。

- 培养学习兴趣。通过多种方式培养孩子的学习兴趣，例如提供有趣的学习材料、鼓励孩子参加与学习相关的活动、给予及时的奖励等，让孩子在学习中感受学习乐趣和成就感，激发学习动力。

- 指点学习方法。帮助孩子掌握有效的学习方法，如预习、做笔记、总结、归纳等。教导孩子合理分配学习时间，提高学习效率。同时，鼓励孩子多思考、多提问，培养独立学习能力。

- 营造良好学习环境。为孩子创造一个安静、舒适、有序的学习环境，让他能够专注于学习。减少干扰因素，如电视、手机等，培养孩子的专注力和自律力。

兴趣爱好培养

• 提供广泛的体验机会。让孩子参加各种各样的活动，如音乐、绘画、舞蹈、体育、摄影、编程等，激发孩子的兴趣，拓展孩子的视野。

• 观察孩子的兴趣倾向。在孩子参与各种活动的过程中，家长要仔细观察他的表现和反应，注意他对某个领域的热情、专注度以及天赋方面的表现，发现他潜在的兴趣爱好和特长。

• 鼓励尝试新事物。鼓励孩子勇敢尝试新事物，不要局限于传统领域，帮助他克服对未知的恐惧，培养探索精神。

• 提供充足的资源支持。根据孩子的兴趣爱好，提供相应的物质资源，如乐器、绘画工具、运动装备等，以及优质的学习资源，如书籍、线上课程、专业指导等。

• 培养毅力。孩子遇到困难或挫折时，鼓励他不要轻易放弃，帮助他制订合理的目标和计划。

• 参与社交活动。鼓励孩子参加社交活动，结交志同道合的朋友，进而共同学习和进步。

• 各种能力的培养。引导孩子在参与各种活动过程中提升创造力、想象力和团队合作能力。

● 与学业相结合。帮助孩子找到兴趣爱好与学业的结合点，例如通过音乐培养数学节奏感、通过绘画提高观察力等，让兴趣爱好与学业相互促进。

● 鼓励孩子表达和分享。要让孩子有机会展示自己的兴趣爱好，如举办家庭音乐会、画展等，增强他的各种能力。

● 尊重孩子的选择。在兴趣爱好的培养过程中，充分尊重孩子的意愿和选择，不要过分强求他按照家长的意愿发展，给予他一定的正向发展自主权。

心理关怀

● 关注孩子的心理状态。时刻关注孩子的情绪变化，如表情、言语、行为等，了解他在学校、社交生活中遇到的问题和挑战，关注他的感受和想法。

● 了解孩子的情感需求。通过观察孩子的兴趣爱好、与孩子交流等，深入了解他的内心世界，多角度、多层次满足他的情感需求。

● 帮助孩子化解心理压力。帮助孩子制订合理的学习计划，以减轻学习压力；鼓励孩子参加体育运动或其他活动，缓解紧张情绪；教孩子一些应对压力的技巧，如深呼吸、冥想等。

• 学习心理学知识。通过阅读相关心理学书籍、参加线上或线下心理学讲座等方式，提升对孩子心理健康的认知，提前预防孩子可能出现的心理问题。

• 培养孩子的情绪管理能力。帮助孩子认识和理解自己的情绪，教导他正确表达情绪而不是压抑或过度表达。家长可以通过角色扮演、故事讲述等方式，让孩子学会应对不同的情感场景。

• 培养应对能力。除了情感管理，还需要培养孩子的应对能力。这包括问题解决能力、决策能力、适应能力等。家长可以在日常生活中，给孩子提供一些适当的挑战，让他在实践中锻炼和提高这些能力。

• 树立正确的价值观。引导孩子树立正确的价值观和积极的人生观。同时，鼓励孩子参与社区活动，培养社会责任感。

• 及时寻求专业帮助。如果孩子的心理问题较为严重或持续时间较长，家长应及时寻求专业人士的帮助。专业人士可以通过评估和干预，为孩子提供有效的支持和指导。

社会交往指导

• 学习与人相处的技巧。教导孩子尊重他人的个性、观点和感受，用友善、礼貌的语言和行为与人交往。还要教他合理处理冲突和化解矛盾，学会妥协、理解和包容。

- 社交技巧的培养。通过角色扮演、情景模拟等活动，让孩子练习主动与人打招呼、自我介绍、表达自己的需求和感受等。此外，还要教导孩子懂得倾听他人的意见，并给予积极反馈。

- 合作精神的培养。鼓励孩子参与团队活动或集体项目，如运动会、合唱团、志愿者活动等，培养孩子分工合作、互相支持的团队精神。

- 解决问题能力的提升。当孩子遇到困难或问题时，引导他分析问题、寻找解决方案，并尝试不同的方法，以培养独立思考和解决问题的能力。同时，教育他在必要时积极寻求有效的帮助。

- 自信和自尊的培养。家长要经常给予孩子肯定和鼓励，让他认识到自己的价值和优点，还要帮助孩子设定切实可行的计划，并在他取得进步时及时表扬，从而增强自信和自尊。

- 网络社交安全教育。由于孩子在网络世界也会进行社交，家长需要教导他如何在网络上保护自己，如不随意透露个人信息、不参与网络欺凌等。

- 社会适应能力的锻炼。让孩子多接触不同的社会环境和人群，了解社会规则和文化差异，帮助他更好地适应各种社交场合，提高社会适应能力。

• 反馈与反思的重要性。定期与孩子交流他在社交中的经历，听取他的感受和想法，给予适当的反馈和建议，帮助他总结经验，不断改进社交技巧，更好地适应社会。

品格教育

• 诚信教育。以讲故事、场景模拟等方式，培养孩子诚实、正直、信守承诺、不欺骗、不作弊的品质。

• 感恩教育。引导孩子学会感恩，珍惜生活中的一切美好，感激他人的帮助。

• 品德教育。鼓励孩子多参与公益活动，教育孩子遵守社会公德，爱护公共环境，不损害他人利益。

• 挫折教育。教孩子学会科学面对挫折和困难，培养坚韧不拔的意志和抗挫折能力。

• 社会实践。让孩子多参与社会实践活动，亲近大自然，了解社会规则，培养孩子热爱生活的情志和高度的社会责任感。

（唐永惠　钟世秀）

第二节　家教阵地

家教阵地，指在家庭中为实施有效教育而专门设立或自然形成的特定区域、环境和条件的总和。它可以是一个具体的物理空间，比如专门用于孩子学习的房间，也可以是一种无形的氛围，比如家庭成员相互尊重、理解、支持等。

为深入推进《中华人民共和国家庭教育促进法》在基层贯彻实施，更好地落实家庭教育指导服务工作，指导更多家庭树立科学的家庭教育理念，特在此对各种家教阵地做简要介绍。

家庭阵地

家庭是思想性格的塑造地，家教是人生价值的奠基石。家庭作为个体的第一所学校，父母作为孩子的第一任老师，均影响深远。家庭环境，家长的世界观、人生观、价值观，家长的道德文化修养，教育子女的理念和方式等，都会对孩子的成长产生举足轻重的影响。家庭教育在潜移默化中影响着孩子的心灵，塑造着孩子的性格，决定着孩子的人生走向。每一个家庭都是最基础的家教阵地，也是最重要的家教阵地。

学校阵地

学校是教育的主战场，承担着培养德智体美劳全面发展的社会主义建设者和接班人的神圣职责。学校的家教阵地就是家长学校。家长委员会是增进学校与学生、家长沟通的桥梁。家长学校是在教育部门组织下以中小学生、婴幼儿家长为主体，以传授科学的家教知识和方法为主要内容的教育组织。家长学校和家长委员会可以为家校共育提供有力支撑。

社会阵地

各级政府、村（社区）及社会组织建立的图书馆、博物馆、文化馆、非遗馆、家风馆、书法馆、红色文化教育基地、国防教育基地、家庭教育指导中心、儿童之家、村（社区）家长学校等，可以让孩子和家长接受多向教育，都是家庭教育阵地。这类阵地可使家庭教育服务内容更加丰富多彩。

各种不同类型的家教阵地能够把家庭教育触角延伸到需要帮助的家庭、孩子，能够将家庭教育、社会教育、学校教育紧密结合起来，能够帮助家长掌握家庭教育知识，提高家庭教育能力。

总之，家庭教育阵地是一个涵盖诸多层面的庞大体系，从不同方面影响着孩子的成长和发展，在孩子的人生中扮演着重要角色。

（唐永惠　陈　阳）

第二章

智慧家教宝典

家庭教育是一门艺术，需要父母有耐心、爱心和智慧。它既需要言传身教，也需要尊重和理解，还需要适应时代的变化。只有掌握良好的家庭教育方式方法，才能培养出既爱自己，又尊重他人，还有社会责任感的孩子。

第一节　良好习惯

学习习惯

阅读习惯的培养

案例描述

帆帆，小学四年级学生，对阅读不感兴趣，喜欢玩电子游戏和看电视。每次老师布置的阅读作业，他总是敷衍了事，随便翻几页书就算完成任务。他的父母注意到了这个问题，但忙于工作，很少陪他阅读，也没有采取有效的措施引导他养成良好的阅读习惯。

由于缺乏良好的阅读习惯，帆帆的阅读理解能力相对较差，阅读课上他往往难以跟上老师的节奏，对文章的理解也停留在表面。因此，他的语文成绩一直不理想。

案例分析

1.家庭的因素

部分家长因为工作、文化水平等原因，没有足够的时间和精力培养孩子的学习习惯，或者没有足够的能力辅导孩子学习。

2.孩子的因素

小学生自我控制能力不强，孩子自身缺乏明确的学习目标和计划，缺乏学习必备的意志和毅力，容易受外界诱惑影响，难以自觉完成学习任务。

家教策略

1.设定学习目标，制订学习计划

家长与孩子一起设定短期和长期的学习目标，制订学习计划，让孩子有明确的学习方向，同时鼓励孩子努力实现目标，增强学习动力。

2.培养阅读兴趣，增强专注力

家长应挤出时间陪伴和鼓励孩子多阅读，从孩子感兴趣的读物入手，培养其阅读兴趣，并通过一些游戏或活动来提高孩子的专注力，让多读书、好读书成为孩子的习惯。

3.鼓励孩子做到勤奋和坚持

当孩子学习遇到困难时，家长要巧妙给予鼓励和支持，可以通过讲解名人典故等方式，潜移默化地让孩子明白，勤奋和坚持是取得成功的关键，学习是一个长期的过程，需要持之以恒。

（王成凤）

书写习惯的培养

案例描述

案例一：认知错误型

不少学生认为只要在做作业和考试时把每个字都写对就行，平时字写得好坏无关紧要。这种错误认知导致很多孩子及家长忽视了书写的重要性。

案例二：急于求成型

有的孩子听到或看到别人写字写得好、写得快，得到了老师的表扬，也希望写一手好字，但急于求成，结果适得其反。

案例分析

心理学家认为，小学生的认知活动受无意注意和有意注意影响。小学生的有意注意发展水平不高，写字又是一项枯燥的、需要个体保持较长时间有意注意的活动，因此小学生在写字过程中极易受周围环境的影响而分心。

另外，有的孩子在特定的场合，或者在老师、家长的监督下能认真书写。一旦没有这些外界因素的制约，他们就会在写字过程中表现为，看似认真其实马虎应付，看似聚精会神其实“身在曹营心在汉”，这极大地妨碍了书写能力的提高。

家教策略

1.用良好的书写习惯影响孩子

孔子说：“其身正，不令而行；其身不正，虽令不从。”小学生良好书写习惯的培养离不开老师的严格要求，家长的言传身教也起着至关重要的作用。家长一手苍劲有力或清新俊秀的漂亮字会给孩子以振奋和力量。所以，要想让孩子养成良好的书写习惯，家长要以身作则。

2.培养孩子的书写兴趣

爱因斯坦说：“兴趣是最好的老师。”孩子一旦有了学习兴趣，就会产生“渴望获得”“不断探索”的动力。事实也告诉我们，孩子做不好不感兴趣的事。因此，培养良好的书写习惯，先要培养书写兴趣。

3.家校合作，正确引导

家长要全力配合老师，让孩子掌握正确的书写方法，培养其良好的书写习惯。比如，写字时头要正，肩要平，眼睛距纸面一尺，笔尖离握笔处一寸，胸口离桌子一拳。对孩子不正确的写字姿势，要及时纠正。

（王　娟）

学习习惯的培养

案例描述

小明是一名小学四年级学生，他聪明伶俐，但在学习习惯上存在一些明显的不足。课前，他很少主动预习。课后，他不主动复习，往往等到临近考试时才匆忙应付。做题时，他常常粗心大意，容易犯一些低级错误。完成作业后，他很少主动检查。这些问题在一定程度上影响了他的学习效果和成绩。

案例分析

1.主动学习意识不强

小明在学习上缺乏主动性，存在典型的“临时抱佛脚”现象。这种被动的学习方式导致他在课堂上难以跟上老师的节奏，也影响了他学习的深度和广度。

2.自律不足

小明在学习时容易分心，经常受外界干扰。他的这种自律不足行为不仅降低了学习效率，也让他难以养成良好的学习习惯。

3.缺乏检查的习惯

小明在完成作业后，很少主动检查，这种不愿意花时间去核对和修正的情况，导致他的作业中常常出现错误，也影响了他的考试成绩。

家教策略

1.激发孩子的学习兴趣

家长与教师要保持紧密沟通，及时了解孩子在校表现，引导孩子高效、规范地完成家庭作业。教师的认可能显著提升孩子的自信心与学习动力，家长的鼓励则能让孩子感受到学习的乐趣与意义。

2.培养孩子的自律

家长应以身作则，展现出专注、认真的态度，为孩子树立良好榜样，同时引导孩子学会规划自己的学习与生活，包括制定规律的作息时间、设定切实可行的小目标，激励孩子自我管理、主动安排学习任务，从而培养其自律意识。

3.提升孩子细致化和条理化处理问题的能力

家长可刻意安排孩子参与家务劳动，通过程序化的方式引导孩子完成任务，在孩子遇到困难时给予及时指导。在学习上，可故意设置一些易混淆的难点，引导孩子从细节入手，区分差异并找到解决方案，从而培养其细致化与条理化处理问题的能力。

4.培养孩子检查作业的习惯

家长应激励孩子自觉检查作业，养成检查作业的习惯，减少错误与遗漏，提升学习效率。

（蔡安琪）

和粗心说“拜拜”

案例描述

小芳是一名小学一年级学生，她聪明活泼却很粗心。课堂上，小芳学习很认真，但一到做作业或考试时，就常出现马虎的情况。比如，她会把题目中的“+”号看成“–”号，或者漏掉题目中的关键信息，导致答案错误。平时，小芳也经常忘记带作业本或者课本，给老师和家长带来不少困扰。

案例分析

很多一年级学生都和小芳一样粗心，这一特点是由其年龄及心理发展阶段决定的。一年级学生的注意以无意注意为主，有意注意尚待培养，因此他们容易发生疏忽大意的状况。

家教策略

1.强化注意力训练

为集中孩子的注意力，可设计一系列寓教于乐的游戏活动，如数字接龙、找不同、拼图挑战、遵循指令行动、故事接龙、填色等，培养其有意注意。

2.构建明确的学习流程

对于一年级学生而言，理解并遵循一套完整的学习流程至关重要。此流程应涵盖主动预习、认真听讲、及时复习、独立完成作业等关键环节，还要帮助孩子明确各环节的具体任务与注意事项，从而让孩子减少因疏忽大意而导致的错误。

3.鼓励孩子自主检查与订正作业

在孩子完成作业后，家长应避免立即介入检查并直接指出错误，以免助长其依赖心理。相反，应着力培养孩子独立自主检查作业的习惯，仅在关键时刻提供必要的指导与点拨，从而增强其自我纠错与反思的能力。

（潘　艳）

生活习惯

培养良好生活习惯，务必多措并举

案例描述

睿睿是一个8岁男孩，父母离异。爷爷奶奶对他期望很高，但又十分溺爱他。睿睿性格内向，不善表达，与人交流时很不自信。他上课时注意力不集中，书写能力差，偶尔完不成作业。他的书桌总是凌乱不堪，书和作业本不整洁，且破损严重。他每天回到家只顾着玩手机、看电视，或者找同学玩“迷你币”“扇烟卡”等，从不参与家务劳动。

案例分析

1.溺爱行为可助长孩子的坏习惯

离异家庭孩子的习惯养成相对更难。不正确的家庭教育方法，很难对孩子的缺点进行有效引导和纠正。

2.注意力差，缺乏学习兴趣

行为是环境的产物，孩子的注意力没有得到良好的发展，因此很容易被手机、电视等吸引，以致注意力分散、学习兴趣降低。

家教策略

1.不以规矩，不成方圆

很多孩子的不良习惯都是因为不懂规矩、不守规矩造成的。因此，家长要重视孩子规矩意识的培养。例如，家长可以和孩子约法三章：回家先休息 10 ～ 20 分钟，吃点小零食、水果等，然后静下来复习、预习、完成作业，最后才能玩耍、休息。规矩定下来后，一定要严格执行，不能随意改动。

2.以身作则，春风化雨

家庭是孩子人生的第一课堂。家长要改掉沉溺手机游戏等不良习惯，以好的行为影响孩子。家长的言传身教能起到潜移默化的作用。

3.促进互动，寻找榜样

榜样的作用不可小视。家长应该为孩子创造一个安全、无压力的学习和社交环境。比如，鼓励孩子完成作业后与行为习惯好的小伙伴一起玩耍，这既有利于减少孩子的社交焦虑，也可以让小伙伴的好习惯影响和感染孩子，帮助孩子认识到自己的不足。

（胡雪琴　顾雪梅）

有序生活习惯的培养

案例描述

程程是一个4岁半的男孩，生活在一个充满爱的家庭，父母对他呵护备至。然而，随着程程逐渐长大，生活习惯问题日趋严重。如，他不愿意收拾自己的玩具和衣物，他的物品总是摆放得乱七八糟。同时，他也对运动缺乏兴趣，常常选择在家中独自玩耍。

案例分析

1. “收拾家务不是我的事情”

幼儿时期的孩子往往以自我为中心，认为世界都是围绕“自己”在运行。在上幼儿园前，因为没有接触过集体生活，孩子没有完善的规则意识和责任感，往往认为家务是大人的事，是家长的事。

2. “运动不好玩”

兴趣是最好的老师。不爱运动的程程可能还没有发现运动的乐趣，运动这项游戏还无法吸引他。

3.“我们也有情感需求，也想要安全感”

幼儿时期的孩子需要父母的关爱和认可，这种情感需求是他们成长的重要动力。孩子不爱运动或者不爱做家务，家长若不采取正确的方式去引导，或只是进行说教，不仅不能满足孩子的情感需求，造成安全感缺失，还会让他们缺乏自我管理能力。

家教策略

1.做孩子的榜样

父母是孩子最重要的榜样，父母的言行举止会深深影响孩子。父母要以身作则，给孩子树立榜样，引导孩子参与家务和运动。一次良好的示范、一次有趣的运动游戏，不仅能增强亲子感情，也能让孩子在模仿中逐渐养成良好的习惯。

2.创设支持孩子动手操作的环境

幼儿的思维特点是形象思维占主导。指导幼儿学习时，不仅要让幼儿看到，最好能让幼儿动手操作，这样可以事半功倍。比如，可以用叠纸的方式展示叠被子的步骤。这种方式简单明了，幼儿可以直观学习叠被子。家长发现孩子进步要及时鼓励，正面强化幼儿的行为有助于其养成好习惯。

3.培养孩子的兴趣

针对孩子对运动缺乏兴趣的问题，父母可以尝试寻找适合他的运动方式并激发他的兴趣。例如，一些有趣的户外活动、把游戏融入运动中、现场观看运动比赛等，均能让孩子感受到运动的乐趣和魅力。另外，幼儿年龄尚小，认知水平低，未形成对自己的正确认识和评价，往往是通过成人对自己的评价来认识自己。当孩子完成家务或者达成运动量后，父母可进行正面评价，适当给予小奖励，这样孩子才会慢慢改掉自己的不良习惯。

（王欣悦　黄　怡）

○ 从运动和家务入手，培养生活习惯

案例描述

小明是一名小学六年级学生，他平时不喜欢运动，放学后总是沉迷于电子游戏和动画片，很少参与户外活动。在家里，他从不主动做家务，甚至连自己的房间也不收拾，书本、玩具、衣物等物品随意堆放。小明的父母忙于工作，对他的生活习惯缺乏有效的引导和监督，他的生活习惯越来越差。

案例分析

1.缺乏运动的原因及其深远影响

生活中，许多小学生的运动都是被动的，他们不愿主动进行体育锻炼，无法体会体育锻炼对自己身心健康的影响。现代电子产品的普及使得他们更倾向于在虚拟世界中寻找乐趣，忽视现实生活中运动的重要性。长此以往，缺乏运动将对他们的健康产生负面影响，导致免疫力下降、肥胖等问题，同时也会影响他们的心理健康，使他们变得孤僻、内向。

2.不做家务的根源及后果

孩子不做家务的原因主要在于家庭责任感的缺失与自理能力的薄弱。他们在家庭中习惯了被照顾和依赖他人，没有意识到自己是家庭的一员，应该承担一定的家务劳动。此外，父母对孩子的要求过于宽松，没有培养他们的自理能力和责任感，也是他们不做家务和不收拾物品的原因之一。这种习惯会影响孩子独立生活能力的发展，使他们难以适应未来生活。

家教策略

1.激发运动热情，培养运动习惯

父母应积极引导孩子参与户外活动，如徒步、骑行、打球等，让他们感受运动的乐趣；鼓励孩子参加学校的体育活动或运动兴趣小组，通过集体活动和竞技比赛激发他们的运动热情；制订合理的运动计划，让孩子每天都保持一定的运动量，逐渐养成运动习惯。

2.引导孩子参与家务，培养自理能力

小学阶段是孩子养成良好劳动习惯的关键时期。家长应引导孩子参与家务劳动，教孩子整理自己的房间，学习物品分类、归位和收纳，并定期检查他们的房间和物品整理情况，给予指导和建议，帮助他们不断改进和提高；也可通过游戏或竞赛的方式，让孩子在轻松愉快的氛围中学习整理物品，提高他们的自理能力。家务劳动不仅有助于孩子身体协调性的发展，还能锻炼孩子的思维与动手能力，让孩子体验劳动的快乐与价值。家长可通过适当鼓励与奖励，激发其参与家务的积极性。

（李茜茜）

培养自律小达人

案例描述

童童，6岁，好动易怒，晨间自由活动时经常带着同伴在活动区奔跑、追逐打闹，不遵守活动规则。在绘画活动中，趁老师不注意，他会拿着记号笔在画纸上、桌布上乱涂乱画，甚至一边拍打桌子一边大声喊叫。对于学习任务，他总是难以按时完成。

案例分析

1.延迟满足能力发展不足

幼儿还未完全发展出延迟满足能力，即抵御即时诱惑的能力。这导致他们容易在学习任务未完成时分心，转而去做更有趣的活动。

2.自我控制能力有待提升

幼儿的自我控制能力尚处于发展阶段，他们难以长时间保持专注，容易受到外界干扰。

3.家庭教育引导存在不足

家庭环境中缺乏规则意识或父母的教育方式不当，均可能让孩子在学习上表现出不自律的行为。

家教策略

1.设定明确的学习目标和奖励机制

鉴于童童已处于大班阶段，具备了一定的自我管理能力，家长可与其共同设定具体、可实现的学习目标，如每天阅读一本绘本、完成一次手工制作、完成一幅画作等，可以适当给予一点小奖励，如小礼物、额外的游戏时间等。

2.营造好的学习环境

可为孩子提供一个专属的学习区域，并确保该区域安静、整洁，这有助于提升孩子的学习专注度，减少外界干扰。

3.耐心引导与纠正不良习惯

家长要及时关注孩子的学习过程，当他们出现不良行为习惯时，要耐心沟通，找出原因，安抚情绪，及时调整，鼓励其完成任务。

（王欣悦）

行为习惯

告别拖拉

案例描述

案例一

丁丁，6岁，聪明可爱，共情能力强。丁丁有一个坏习惯，凡事拖沓，不到最后一刻不去完成。比如，睡觉前一刻才想起阅读故事，每天早上都要多睡5分钟才起床，上学时需要家长多次催促才出门，等等。除了催促指责，家长别无他法。

案例二

娃娃是一名小女生，在家里活泼可爱，但在班级里干什么都特别慢。比如：其他小朋友都喝完水了，她还在慢吞吞地嚼饼干；游戏结束后，同伴都已回到教室了，她仍在不紧不慢地收玩具。

案例分析

1.时间管理能力缺失

由于身心发育尚未成熟，3 ～ 6 岁幼儿需要成人提供细致的关怀与照料。然而，过度的保护与包办替代不利于独立性的培养。幼儿尚未充分认识到时间的重要性，在处理日常生活与学习任务时，缺乏明确的时间观念与有效的时间管理策略，面对家长的催促，往往只能采取消极抵抗的方式，通过延长完成任务的时间来应对。

2.目标与计划意识淡薄，侥幸心理作祟

面对待办事项，没有做好计划，没有预设目标和效果，孩子很容易有“将就”的心理状态，同时也容易有别人会来帮忙的侥幸心理，比如“只要我磨蹭、拖拉，爸妈就会帮助我完成”“迟迟不起床，妈妈就会帮我把出门的准备工作做好”等。如此，磨蹭、拖拉很容易变成孩子偷懒的策略。

家教策略

1.树立榜样，与孩子共同规划时间

家长可以与孩子一起制订每日的活动计划与预期目标，明确每项任务的顺序、所需时间以及预期成果，并在任务完成后

与孩子进行积极沟通，分享时间管理带来的正面效果。同时，可以在日常生活中规划时间，比如起床穿衣 4 分钟、刷牙洗脸 5 分钟等。孩子可能乐在其中，磨蹭的毛病也会在不知不觉中慢慢改掉。

2.摒弃催促与批评，采用温暖提醒与鼓励

孩子磨蹭的时候，家长的催促与批评会加剧孩子的逆反心理与压力，因此家长应避免过度催促与严厉批评。相反，家长应采用温暖提醒与适当鼓励引导孩子，帮助他们认识时间的宝贵与自我管理的重要。

3.积极营造支持性家庭环境

家长应了解孩子的实际能力与兴趣点，避免因赶时间而强迫孩子去做超出其能力的事情，否则会导致孩子产生挫败感与抵触情绪。为了培养孩子的良好习惯与自我管理能力，家长应提供积极的支持环境，鼓励孩子不断尝试与练习。通过反复锻炼，孩子能逐渐建立自信心与责任感，从而更加高效地完成任务并享受其中的乐趣。

（宋　扬）

幼儿不良行为与情绪应对策略

案例描述

轩轩，3岁，活泼好动，是一个非常有礼貌的小男生，每天早上来到幼儿园都会积极主动跟老师打招呼。他那一句甜甜的“老师，早上好”让所有老师都对他心生爱意。同时，他也是班上最调皮的孩子，充满了好奇心和探索欲。他的探索方式常常让人头疼。

在日常活动中，轩轩经常会在不经意间咬袖子、被子等物品。他这样做并不是出于饥饿，而是把这些物品当成了他的玩具。每天他的袖子都是湿漉漉的。这种行为不仅会破坏物品，也让大家非常担心他的身心健康。

案例分析

1.生理角度分析

从生理层面审视，咬袖子可能是婴幼儿满足口腔刺激需求的一种方式。他们可能利用啃咬、吮吸等行为来满足饥饿要吃和口渴要喝的需求，同时也可能用这种方式来安抚自己。此种行为长牙期间尤为突出，幼儿牙龈痒和肿胀可能让他们通过咬东西来缓解不适。

2.心理视角探讨

在心理层面，幼儿咬袖子的行为往往与其情绪状态紧密相连。活泼好动的幼儿在面对许多情境时，可能因焦虑、紧张、无聊而表现出咬袖子的行为。此举或能带来心理上的慰藉与舒适感。

3.营养状况的影响

值得注意的是，幼儿咬袖子的行为还可能与营养状况相关。缺乏某些微量元素可能导致孩子出现异食癖，表现为咬指甲、咬衣服等。

家教策略

1.细致观察，科学评估

家长和老师联动，细心观察幼儿的行为，了解他们咬衣袖的频率、时间以及可能的触发情境，评估问题的严重性和紧迫性，并制定相应的干预策略。

2.提供替代性安抚手段

针对幼儿咬衣袖的行为，家长应尝试为幼儿提供替代性的自我安抚策略，如深呼吸、数数、使用安抚玩具等。这些策略可以帮助幼儿更好地管理情绪，减少咬衣袖等不适行为。同时，应采用正强化手段鼓励幼儿的良好行为。

3.专业咨询与干预

家长与老师应保持常态化沟通，共同关注幼儿内心需求与情绪变化，共同促进幼儿健康成长与全面发展。如果幼儿咬衣袖的行为持续存在且难以改善，家长应考虑寻求专业帮助，如咨询儿童心理专家、儿童行为治疗师、医疗专业人员等。他们可以对幼儿的行为进行深入分析，并提供更具体、更有效的干预策略。

（张泰琼）

良好行为习惯的养成

案例描述

小宇思维敏捷、活泼好动，但他身上也有不少坏习惯。跟小伙伴一起玩耍时，他常常打人，事后还不承认是自己的问题，总是找别人的不是。有的时候，他还顺手拿走别人的东西，被发现后会说是自己捡的。小朋友都不愿意跟他玩耍，尽管父母也用心教育，但并没有收到明显效果。

案例分析

1.儿童需求未获满足

儿童成长的环境是十分复杂的，很多时候儿童的不当行为源于缺乏自控力。孩子有自己的需求时，为了满足内心的需求，会出现一些过激行为。

2.父母的放任

很多时候父母会维护孩子，这无可非议。但过度的维护可能促使孩子“我行我素”，不在乎他人的看法，养成任性的性格。

家教策略

1.引导儿童进行换位思考

家长应避免急于评判，而应关注儿童的情绪与思维，传递理解与关爱。可以通过提问，如“你认为伤害他人或擅自拿他人物品会带来什么后果？”“若你心爱的玩具丢失，你会有何感受？”等，引导儿童换位思考。

2.表达坚定的立场

对于屡教不改的儿童，家长若持放任态度，将助长其不良行为。因此，面对此类情况，家长应以坚定的语气明确表达自身立场与要求。沟通时，可要求儿童直视家长的眼睛，以促进情感与心理的共鸣。

3.树立正确的价值观

家长应以身作则，向儿童传达道歉和归还物品的重要性。当儿童认识到自身错误后，家长应鼓励并帮助其采取正确行动，纠正错误。此外，在后续较长时间内，家长需持续监督与引导，防止错误行为再次发生。

（吴奕贤　余　盼）

青春期行为习惯的养成

案例描述

小李是一名初中生，聪明，活泼。在家里，长辈比较宠爱他，对他几乎无约束。在课堂上，他注意力不集中，经常违反纪律，影响其他同学学习。课间休息时，他喜欢追逐打闹，不仅影响他人，还容易引发安全事故。与同学交往中，他有时会因为一些小事与同学发生冲突。

案例分析

1.个体认知不足

小李的行为模式显现出他在自我行为管理上存在明显短板，具体表现为缺乏对自身行为的正确认知与有效约束。同时，他对于是非善恶的辨识能力也有待提高。

2.环境因素影响

进一步分析，学校与家庭对小李的行为模式有不可忽视的影响。很明显，小李未能获得足够的正向引导，尤其在积极应对挑战以及纠正不良行为方面，他缺乏清醒的认识以及必要的激励与支持。

家教策略

1.确立清晰的行为规范和奖惩制度

为了有效引导小李的行为，家庭与学校应携手合作，共同制定明确、具体的行为规范与奖惩制度。该制度应明确界定何种行为是不良行为，并应受到何种约束与惩罚。同时，对于良好行为，则应给予充分的奖励与鼓励。这样有助于小李形成清晰的行为规范，进而增强自我约束能力。

2.注重学习习惯的培养

家庭与学校还应将培养小李良好的学习习惯作为重要任务之一。这包括但不限于督促其按时完成作业、积极参与课堂讨论等。通过这些具体而有效的措施，不仅能够提升小李的学习兴趣与效率，还能在潜移默化中增强其自信心与自我管理能力。

3.促进同伴关系的健康发展

家庭与学校应鼓励小李积极与同学建立并维护良好的同伴关系。这需要小李学会尊重他人、关心他人、乐于助人。通过参与积极的社交活动，小李的人际交往能力将得到显著提升，进而可增强其社会适应性与融入感。

（王清铸）

言传身教，培塑文明行为

案例描述

小鹏的父母平时很忙，他随爷爷奶奶生活，特别受宠溺，在生活中习惯出口成“脏”。有时其他同学碰他一下，他就会下意识地说脏话。有时他过于兴奋或者惊讶时，也会用脏话来表达。父母带他到电影院，他常常在座位上不停地乱动，甚至踢前面的椅子。在电影剧情特别精彩时，他会大喊大叫，以致影响别人。小鹏这些习惯，让父母感到十分头痛。

案例分析

1.家庭溺爱只会毁了孩子

小鹏的日常生活主要由爷爷奶奶负责，二老对其十分溺爱。每当小鹏犯错，爷爷奶奶常以“孩子还小”为由，轻易原谅其不当行为。父母因忙于工作，很难全身心照顾小鹏，导致他很难接受父母的管教。

2.言传身教的重要性

值得注意的是，小鹏的父母在面对其错误行为时，常采用责骂的方式。这在一定程度上对小鹏产生了负面影响。孩子天生具有模仿能力，父母往往成为孩子学习的对象。因此，父母的言传身教对孩子的价值观形成具有重要影响。

家教策略

1.明确告知原因

许多孩子对于语言使用规范缺乏清晰认识，家长作为孩子的启蒙教育者，有责任明确告知孩子哪些词语可以说，哪些词语是脏话，不可以说，以及讲话需分场合，以此帮助孩子建立正确的语言使用观念。

2.以身作则，言传身教

当发现孩子使用不恰当语言时，家长应保持冷静，避免过度反应。更重要的是，家长应成为孩子的榜样，在日常生活中多使用“谢谢”“您”“对不起”等礼貌用语，以自身行为引导孩子养成良好的语言习惯。

3.培养明辨是非的能力

孩子往往容易受周围环境影响，模仿不良行为。因此，家长应通过具体案例，引导孩子明辨是非，学会独立思考和判断。如此，孩子面对不良行为时，才能自主判断其正确性，并自觉抵制不良诱惑。

（陈　红）

你我约定，自律守序

案例描述

读小学一年级的天天特别喜欢交朋友，也经常到朋友家去做客。可是，天天的朋友慢慢发现，他有一些不好的行为习惯。比如：等公交车时，他总是挤到队伍最前面，从来不顾及他人的感受；过马路的时候，他不管红灯还是绿灯，只要没有车，就会横穿马路；等等。无论朋友怎样劝说，无论家长怎样教育，天天总是不听，依然我行我素。

案例分析

1.孩子规则意识淡薄

在小学低年级阶段，儿童往往对秩序的概念缺乏理解，且未充分认识到遵守秩序的重要性。因此，当成年人频繁催促或批评时，他们可能显得漠不关心，不能及时响应。

2.家长管教策略缺失

部分家长可能认为，随着年龄增长，孩子的理解能力自然会提升，因而仅实行口头层面的管教，而忽略执行层面的管教。此外，工作繁忙等因素也可能导致家长在管教孩子方面投入的时间和精力不足。此种情况下，家长即使有所提醒，也可能因沟通不充分而未能达到预期教育效果。

家教策略

1.态度明确，果断执行

面对孩子类似的问题行为，家长应展现出坚定的态度，明确告知孩子哪些行为是可以的，哪些是不可以的。在日常生活中，无论大事小情，都应坚持原则，与孩子共同制定规则并严格执行。

2.持之以恒，全面渗透

纠正孩子的不良行为并非一蹴而就，家长需认识到孩子可能存在的反复性。对于天生好奇心重、爱冒险的孩子，家长应在特定场合（如过马路、排队等）严格要求其遵守规则，并在日常生活中持续强化这种意识，使遵守秩序成为孩子的自觉行为。

3.注重引导，培养自信

在纠正孩子不良行为习惯过程中，家长应扮演好引导者和支持者的角色。当孩子因犯错而受到指责或遭遇不良后果时，家长应鼓励其勇敢面对错误，承担责任。同时，家长应给予孩子充分的信任和支持，帮助他们建立自信，让他们相信自己能够克服困难，走向正确的道路。

（何　鑫）

第二节　心理健康

情绪管理

做循“绪”渐进的抚慰者

案例描述

案例一

圈圈入园第二天，晨间接待时，他紧紧抱着姥姥的脖子：“姥姥，姥姥，你别走，我不要你走，我不上幼儿园。”老师笑容满面，连哄带抱地把他从姥姥手里接过来，然后用各种方法和他斗智斗勇，终于让他的情绪稳定下来。大门外的姥姥这才放心地离开。

案例二

老师从甜甜妈妈手里把她抱进教室时，甜甜默不作声，很不高兴。另一个老师则在安抚甜甜的同桌萌萌，萌萌的哭声一直没停，而且她越哭越厉害。甜甜看见萌萌哭，“哇”的一声也哭了起来……

案例分析

1.新环境会给孩子压力

从家庭到幼儿园，孩子迈出了走向社会的第一步。离开了熟悉的家庭和家人，陌生环境带来的不安全感会让孩子产生分离焦虑，孩子心里难免会有无形的压力和迷茫，会想念家人、哭闹，甚至会拒绝上幼儿园。

在家里，孩子很多事都由家人包办，幼儿园则要求自己的事情自己做。孩子因缺乏自理能力和独立性，会表现出无奈和焦虑。

2.孩子自我管理能力较弱

由于年龄较小，孩子自我控制和自我调节的能力较弱，情绪易受他人影响和感染。所以，受同桌影响，甜甜也不由自主地大哭起来。

家教策略

1.心“新”相遇，共育美好

孩子入园前，家长可以带着孩子到幼儿园转一转，熟悉一下环境。同时，可以提前让孩子掌握一些生活技能，比如独立入睡、如厕、吃饭等，如此孩子更容易适应集体生活。

对于新入园的孩子，家长在接送时笑一笑、抱一抱、亲一亲，告诉孩子放学时一定会见到爸爸妈妈，可消除孩子的入园不安。平时，家长要主动与孩子交流，关注孩子的在园表现，表扬孩子的长处和进步。

2.“戏”趣相投，分离无忧

家长可在家与孩子模拟在园生活，让孩子回忆和感受在幼儿园的快乐时刻，帮助孩子尽快消除对幼儿园的陌生感，适应集体生活环境，度过新入园的适应期。这可以促进孩子心理健康和谐发展。

3.温情陪伴，共“读”成长

家长在家可以利用主题绘本引导孩子，减轻孩子的入园不安和焦虑。如《我不想离开你》《我爱幼儿园》《幼儿园的一天》《妈妈一定来接你》《一口袋的吻》《魔法亲亲》等。

（张　蓉）

帮幼儿学习管理情绪

案例描述

西西是一个3岁的孩子，他经常在家里因为一些小事发脾气。比如，妈妈不让他吃糖果时，他不能立刻得到想要的玩具时，等等。西西发脾气通常表现为大声哭闹、躺在地上踢腿、扔东西。

案例分析

幼儿乱发脾气是成长过程中的常见现象，这通常是因为他们还没有学会如何有效地表达和管理自己的情绪。案例中的西西，妈妈没满足他的需求时就发脾气，他企图用这种方式让妈妈妥协，发泄自己的情绪。

父母如果一味妥协，孩子就会在潜意识里认为自己的方法是可行的，之后不管遇到什么问题都会用哭闹、扔东西等方式来满足自己的需求。

家教策略

1.保持冷静，及时引导

当孩子发脾气时，父母首先要保持冷静，不要被孩子的情绪所影响，父母情绪稳定有助于孩子更快地平静下来。同时，父母需要明确地告诉孩子，不能因为想得到某样东西就乱发脾气。父母要给孩子讲道理，引导孩子合理地表达诉求。

2.提供选择，分享乐趣

多给孩子提供一些他可以接受的选择，他由此可以感觉到自己有一定的控制权。这有助于孩子管理自己的情绪。例如，如果西西因为不能吃糖果而发脾气，父母可以多提供一些健康的小吃，让他在选择中感受父母的爱。

3.分散注意力

当孩子发脾气时，父母可以尝试分散他的注意力，引导他去做其他事。比如，读一本书，玩一个他喜欢的游戏，等等。也可以通过不同的方式给予正面的反馈和奖励，以此来鼓励他的良好行为。

（蒲　玲）

让幼儿做情绪的主人

案例描述

妮妮，5岁，长得十分乖巧，语言表达能力也发展得很好。但每次遇到不如意或者和同伴发生分歧时，她都会大喊大叫。老师或者家长问她为什么哭，她总是摆出一副委屈的样子，不说话，大家很难厘清她为何会情绪崩溃，只能等她情绪平复之后再找原因。对于这种情况，家长也无可奈何，遇到什么事都是顺着她的意愿解决。

案例分析

1.幼儿期是孩子情绪、性格养成的关键期

幼儿时期孩子学习和模仿能力都很强，他们会观察并模仿身边的人做事，但缺乏对情绪的准确辨别和管理能力。

2.引导孩子正确驾驭情绪

幼儿的内心相对于成人来说更为敏感，因此他们感知到不舒服或者烦恼时更容易有负面情绪。对于孩子情绪管理能力的培养和引导，家长不能采取简单、粗暴的方式，而是要透过孩

子的行为去分析孩子的内心，必要的时候要给孩子宣泄情感的机会，但务必要引导孩子使用正确的宣泄方式。

家教策略

1.引导孩子认识情绪，了解情绪

在日常生活中，家长要帮助孩子识别和理解不同的情绪，了解各种情绪产生的原因。比如，可以结合具体的事件让孩子知道什么是高兴、什么是难过、什么是生气、什么是悲伤等。

2.引导孩子学习调节情绪

未成年孩子没有足够调节情绪的经验，家长要注意教育和引导。例如，可以采取转移注意力的方式，缓解孩子的情绪。

3.避免逃避和事事顺从

对于孩子的负面情绪，家长要积极面对，并要有妥善解决的能力，不能因为不耐烦而一味顺从孩子。一味地顺从会让孩子形成不科学的处理负面情绪的方式。

4.积极正向的肯定

家长在面对孩子好的表现或行为时，要及时地、积极地给予肯定和鼓励，让孩子获得积极的情绪体验。如此，孩子才会主动寻找积极的情绪体验，这有利于孩子学会管理自己的情绪。

（徐 丹）

改变孩子的性格孤僻与不善交流

案例描述

8岁的洋洋是一个文静、清秀的小姑娘。她特别在意老师和同学的评价，习惯把事情藏在心里，不愿向老师、家长倾诉。她经常闷闷不乐，常因同学无心的玩笑话生闷气，也不告诉老师和家长原因。她没有知心朋友，性格变得越来越孤僻。

案例分析

1.负面行为导致心理闭塞

孩子把情绪藏起来，不愿倾诉，可能是受不当教育的影响。一方面，当孩子没有达到家长预期时，家长可能会对孩子进行不停的说教甚至体罚，导致孩子容易产生恐慌情绪。另一方面，随着年龄的增长，孩子可能采取对抗、疏远的方式来保护自己，从而变得越来越倔强、孤僻。

2.主观愿景的影响

几乎每个孩子都希望得到家长、老师和同学的认可，都希望自己是一个完美的人，所以特别在意家长、老师和同学对自己的评价。他们受到批评时可能会认为自己低人一等，担心被人笑话，因此就把自己伪装得很“强大”，把悲伤放在心底，慢慢消化。

家教策略

1.家长要学会走进孩子的内心

面对孩子的不良情绪，家长不能一味讲大道理，要站在孩子的角度看待问题，让孩子感受到家长对他的理解。这才能让孩子向家长敞开心扉，家长也才有机会走进孩子的内心，找准问题的根源。

2.勇于接纳孩子的不良情绪

当孩子出现各种负面情绪时，家长要学会接纳、理解，不要轻易否定孩子的情绪，而是要学会换位思考。当孩子感受到家长对自己无条件的爱和接纳时，才会有足够的安全感和自信心，才能勇敢迎接各种挑战。

3.帮助孩子宣泄情绪

当孩子陷入负面情绪时，家长要及时引导孩子以积极的心态面对挫折，适当宣泄情绪。只有合理地将负面情绪宣泄出来，才能获得心灵上的安宁，才能健康成长。

（鞠明慧）

应对负面情绪的方式

案例描述

7岁女孩小雨是一名小学一年级学生。她个子较高，身体较胖，随外婆生活。她学习习惯差，课桌上总是乱糟糟的，抽屉里随时都有大堆的垃圾。她不仅学习成绩差，而且爱骂人，所以平时同学们都不和她玩耍。一些调皮的孩子有时会当着她的面叫她“傻胖子”，她常急得直跺脚，然后放声大哭。有一次，她没好好听课，老师让她站起来，她气呼呼地站起来径直冲出教室。

案例分析

1.家庭教育缺失

小雨既是单亲家庭的孩子，又是留守儿童。她3岁的时候，父母离了婚，她被判给妈妈。平时，妈妈在外打工，她就跟着外婆生活。外婆不识字，无法辅导她写作业。她的作业经常完成得很不好甚至完不成，因此她常被老师批评。在学校，同学也不喜欢她。所以，她在学校里缺乏认同感和归属感。

2.希望被认同的需求

孩子常对自己潜在的需求不自知，不会向家长或老师正确表达自己的需求。但是，他们的行为却会反映自己的需求。父母要学会发现孩子的需求。

家教策略

1.培养孩子对家庭的认同感

家长再忙，也要争取每天抽出几分钟时间和孩子聊聊天。在亲子聊天的过程中，家长一个微笑、一句关心的话语、一份小小的礼物，甚至一个小小的求助，都能让孩子感觉到自己是家中的一分子，感觉到自己被接受和需要。如此，孩子自然会做契合自己身份的事情。

2.培养孩子对学校和班级的认同感

家长要积极支持孩子参加学校组织的集体活动，例如文艺汇演、运动会、兴趣社团等，让孩子在学校找到归属感。家长也要多和老师沟通，尽量发现孩子的闪光点，鼓励他发挥自己的特长。

3.培养孩子亲近社会的态度

每个人都不是独立存在的，都具有社会属性，最终都要走向社会。父母应该正确引导孩子在保护好自己的同时，尊重和帮助社会上的弱者，让孩子感觉到自己也是社会的一分子，以此培养孩子的社会责任感，让孩子在社会中找到自己的归属感。

（胡　蓉）

抗挫能力

让孩子在挫折中成长

案例描述

鑫鑫上幼儿园大班，他在学习和生活中遇到了一些挫折。例如，他在拼图游戏中总是无法完成任务，在绘画课上也经常画得不如其他同学好。这些挫折让鑫鑫感到很沮丧，对自己很不自信。

案例分析

1.挫折认知

鑫鑫在面对挫折时，缺乏正确的认知和应对能力。他将挫折视为失败。将挫折与失败归因于自己能力不行，自己不会，甚至智商不够，十分不利于孩子成长。孩子由此易形成自卑、轻易放弃的心理。

2.情绪管理

鑫鑫在挫折面前表现出了较弱的情绪管理能力，说明他缺乏正确的引导，无法有效地调节自己的情绪，容易陷入负面情绪中。

3.解决问题的能力

学龄前儿童正处于发展主动性的关键阶段。鑫鑫在遇到问题时，缺乏主动解决问题的能力，十分依赖老师或家长的帮助。家长应引导他主动解决问题。

家教策略

1.认知引导

家长应与老师合作，多与孩子互动，通过谈话、直接参与等方式，帮助孩子正确认识挫折。一是要帮助孩子正确分析失败的原因，到底是努力不够还是能力不足。二是要陪伴孩子发现新的方法，并及时鼓励孩子，让孩子体会经过多次尝试获得成功的经验。三是告诉孩子，生活有输有赢，挫折是生活不可避免的一部分，每个人都会遇到挫折。

2.情绪调节

家长要教给孩子一些调节情绪的方法，如深呼吸、倾诉、积极思考等。平时，可以多给孩子讲有关情绪管理的故事，引导他在简单的阅读中学习调节情绪的方法，鼓励他使用科学的方法调节自己的情绪，保持积极的心态。

3.培养自信

可以让孩子多参与家务劳动，并告诉孩子哪些事情可以做，哪些事情不能做。家长在日常活动中，可以故意输给孩子，多多发现孩子的优点和长处，并及时给予肯定和鼓励，帮助孩子建立自信，从而让他相信自己有能力克服困难。

（唐　佳）

幼儿抗挫折能力培养

案例描述

团团是个聪明可爱的小女孩，但她自尊心极强，接受不了任何批评，抗挫能力很差。如果家长或老师和她讲话时语气稍重一点，她马上就会哭泣。并且，她非常不自信，人多时不敢大声讲话，在幼儿园很害怕回答老师的问题。小朋友如果不和她玩儿，她就会默默哭泣。她的父母时常对此束手无策。

案例分析

1.环境因素

孩子抗挫能力的发展与家庭环境、家教方式以及性格特征有很大的关系。溺爱孩子，在孩子遇到问题和挫折时，很少进行正确的引导和教育，而是代为解决，都可能造成孩子独立面对挫折的时候缺乏勇气。

2.个体差异

每个孩子的情况不一样。培养孩子的抗挫能力要考虑个体差异，不能急于求成。

家教策略

1.培养孩子的自信心

心理学研究表明，将成功归因于努力，有助于提升自信心。在日常生活中，要多肯定孩子，鼓励孩子，要把决策权交给孩子。不要把成功归因于智商、聪明等。否则，一旦失败，孩子就会认为自己不聪明，从而自暴自弃。

2.利用绘本引导孩子

幼儿期孩子也许不是特别能理解挫折和抗挫的意义，可以通过相关绘本引导孩子提升抗挫能力。要让孩子知道，挫折不是一件可怕的事情，每个人在成长过程中都会碰到挫折，我们要正确地看待挫折，挫折会让我们成长，变得越来越强大。

3.带着同理心面对孩子

孩子的内心相比成人更加脆弱。当孩子遇到挫折时，家长一定要站在孩子的角度理解他，允许他表达自己的情绪，说出自己的感受，还要帮助他形成恰当的自我评价，甚至可以通过情景模拟引导他学习解决困难。

（廖月玲）

用微笑、拥抱、陪伴助力孩子抗挫

案例描述

案例一

橙橙，8岁，聪明伶俐，学习成绩优异。但是，他的协调能力很差，在学习骑自行车的过程中就遇到了困难。开始时，他因为掌握不了平衡而频繁摔倒。他接受不了这个事实，因为他在学习上从来没失败过，是大家心目中的佼佼者。他每次摔倒后回到家都会感到沮丧和挫败。父母看在眼里，疼在心里。

案例二

圆圆，11岁，是一个可爱的小姑娘。她平时性格开朗，但在面对挫折时容易气馁。在学校组织的一次数学竞赛中，圆圆因为一道难题而失利，给团队带来了不好的影响，回家后她趴在床上伤心地大哭，甚至对父母说："我不想再参加类似的竞赛了。"

案例分析

1.年龄因素

小学阶段的孩子对来自他人的批评和讥讽相当敏感，喜欢借助他人行为或自我成就取悦家长。他们虽然能够初步控制自己的情绪，但控制能力有限，自制力、意志力不够强，大多时候需要外界的帮助。

2.家庭因素

父母在孩子遇到困难的时候，应该给予他们情感、认知、思维方式上的全方位支持，不要让他们打无准备之仗。父母能否正确支持、引导，直接决定着孩子抗挫能力的养成。

家教策略

1.树立正确的教育观念

家长不应过分保护孩子，而应鼓励他们勇敢面对困难和挑战。在日常生活中，可以通过一些具体活动来培养抗挫能力。例如：可以组织一些户外活动或家庭游戏，让孩子在团队协作中学会面对挑战和失败；可以鼓励孩子参加一些竞赛或表演活动，让他们在竞争中锻炼意志力和抗挫能力；可以引导孩子读一些励志故事，让他们从故事中汲取勇气和力量；等等。

2.给予孩子情感支持

家长应关注孩子的情绪变化，及时给予情感支持。当孩子遇到挫折时，他们可能会感到沮丧、失落甚至愤怒。此时，家长应耐心倾听孩子的感受，理解他们的情绪，并给予积极反馈和鼓励，比如，一个微笑、一个拥抱。同时，家长还应引导孩子正确看待挫折，让孩子牢记“失败是成功之母”，让他们明白挫折是成长的一部分。

3.设置适当的目标和任务

家长可以通过设置适当的目标和任务来培养孩子的抗挫能力。目标应具有挑战性，但不要过于困难，以激发孩子的积极性和动力。当孩子完成目标任务时，家长应给予及时的肯定和鼓励。当孩子遇到困难时，家长应引导他们分析问题，寻找解决方案，从而战胜困难。

（何小飞）

培养抗挫品质，促进健康成长

案例描述

浩浩，7岁，聪明活泼，帅气灵动，但是只要因做错事被批评就会立刻绷紧全身，握紧拳头。他甚至会将握紧的拳头重重砸在墙壁上，以此发泄情绪。有时他也会哇哇大哭。

案例分析

1.特殊表现

小学生正处于自我意识发展的关键期，虽然初步意识到自己是一个独立的个体，也需要对自己的行为和情绪负责，但缺乏正确的应对能力，无法正确面对自己的错误。

2.负面影响

孩子在调皮的过程中一旦捕捉到“负面”信号就会无意识地习惯性地进行反驳。这部分孩子往往又相对强势。若是父母的教养方式强硬、粗暴、严苛，可能会导致孩子不敢面对犯错的后果，继而以撒谎的方式逃避错误。

家教策略

1.正面沟通

家长应该为孩子营造一个开放、诚实的沟通环境。当孩子做错事时，家长应耐心倾听孩子的解释，而不是立即批评或惩罚。例如，孩子在学校犯了错误，家长可以先问孩子：“发生了什么事？你当时是怎么想的？”这样可以引导孩子正确认识错误。

2.树立榜样

作为孩子的第一任老师，家长自身的行为对孩子的影响极大，尤其是面对困难和错误时的态度会直接影响孩子的行为。因此，家长应展示正面处理批评和错误的方法，例如，家长在生活中出现失误甚至错误时，不要狡辩、掩饰，要言传身教，为孩子提供榜样支持。

3.培养责任意识

家长要教育孩子对自己的行为负责。当孩子做错事时，家长要引导孩子思考如何纠正错误并承担责任。例如，孩子破坏了公共秩序，家长可以让孩子参与解决，并讨论如何避免再次发生类似的事情；孩子对同学或者周围的人造成了不良影响，家长可以引导孩子学会致歉，甚至进行合理的赔偿；等等。

（余　盼　吴奕贤）

生命教育

关于生命教育的正确引导

案例描述

案例一

4岁的豆豆养了两只小仓鼠，并为它们取名小灰和小黄。豆豆每天都要亲自给它俩喂食，更换木屑。冬日的一个晚上，气温突降，飘窗上的小灰和小黄冻死了。豆豆非常伤心，痛苦不已，很长一段时间都陷在失去它们的悲伤之中。

案例二

涵涵5岁。一天，涵涵问妈妈："妈妈，我长大了，你会变老吗?"妈妈说："嗯，我当然会变老。"涵涵紧接着又问了一句："你老了，就会死吗?"妈妈很随意地回答："当然，每个人都会死的。"涵涵略带哭腔地说："我不要长大，不要你变老，也不要你死。"妈妈手足无措，不知道该怎么办。

案例分析

1.忽视教育

在两个案例中，家长都没有把“死亡”正面解释给孩子，忽略了对孩子进行科学的生命教育，这样很难让孩子树立珍惜生命的理念。

2.认识模糊

对于幼儿来说，他们对死亡的认知更多来源于童话故事，对死亡的界定就是“睡着了”“生活在天堂”“去了遥远的地方”等类似表述，不懂得生命的不可逆性。

家教策略

1.运用故事，帮助幼儿理解“死亡”

2～6岁幼儿正处于前运算阶段。幼儿对死亡的理解与他们的认知水平密切相关，家长不妨通过生动、具体的事例帮助幼儿理解死亡，从而懂得珍惜生命。

2.利用自然环境，对幼儿进行生命教育

我们可以结合自然环境中的例子对孩子进行具象解释。比如，树叶飘落、鲜花凋零、死去的昆虫等，均可以让孩子对自然界的生命循环有直观的认识。然后，再告诉他们人类也是这

样的，我们先从婴儿变成小朋友，再从小朋友长成大孩子，再变成大人，再变成老人，最后走向死亡。死亡不可避免，它是生命的一部分。

3.把握节日契机，正确认识生命

可以抓住清明节带来的教育契机对幼儿开展生命教育，引导幼儿树立正确的生命认知。也要告诉幼儿，面对死亡，可以坦诚地表达悲伤。

（黄静萍）

珍视生命，远离虚拟网络

案例描述

媛媛，11岁，很聪明，十分敏感，经常低垂着头，不愿与人对视，上课时总是打瞌睡。她的作业中常常出现网络用语。课间她不与同学交流，常常独自趴在桌子上。她对手机十分着迷，经常沉迷于虚拟的网络世界，还加入了一个神秘的网络群组，里面多为同龄人，都喜欢玩同一款游戏，甚至有人引导群成员割腕、绝食、跳楼。

案例分析

1.少年的迷茫

随着年龄的增长，小学中高年级学生逐步进入第二次发育的敏感时期，也逐渐进入叛逆期，这一切让孩子既惊喜又害怕。他们的知识不断增加，视野逐步拓宽，身心逐渐走向成熟。在这个从幼儿到少年的蜕变过程中，他们对外界的一切既新奇又迷茫，一不小心就会走上歧途。

2.父母的粗心

这个年龄段孩子的父母，正是为维持生计而忙于工作的时候。他们也许能满足孩子的经济需求，但当孩子犯错时，他们常常对孩子没耐心，甚至大打出手。孩子遇到问题时无人述说，只能依赖于虚拟网络，以致沉迷于游戏不能自拔，直至完全置身于网络世界而不自知。

家教策略

1.让孩子感受温暖，发现美好

家长在给予孩子温暖的那一瞬间，如一个关心的眼神、一个温暖的拥抱、一句贴心的话语等，能安抚孩子那颗敏感、脆弱的心。家长要善于鼓励孩子发现生活中的小美好，寻找生活中美好的点点滴滴。家人要给予孩子无微不至的关心、循循善诱的教导，引导孩子融入身边小伙伴的嬉笑打闹之中。

2.帮孩子敞开心扉，拓宽交友渠道

培养孩子的兴趣爱好，让他做自己喜欢的事，例如骑自行车、打乒乓球、打羽毛球、慢跑、散步、远足、阅读等。让孩子以兴趣爱好为载体，拓宽交友渠道，结识志同道合的朋友，从而打开心门，感受人间美好。

3.引导孩子学会爱自己，遇到问题主动寻求帮助

金无足赤，人无完人。家长要告诉孩子，每个人都有优点，同时要正确看待自己的缺点，相信天生我材必有用，进而引导孩子养成热爱生活、积极向上的生活态度。同时，要告诉孩子，遇到问题要主动寻求帮助，可以找值得信赖的同伴，也可以通过与父母和老师交流，获取支持和力量。

（岳　霞）

绽放绚丽的生命之花

案例描述

以前，小宁在学校的表现很好。她性格外向、阳光、活泼、开朗，团结同学，听老师的话，尊敬师长。后来，因为父母离异，她长期跟爷爷奶奶居住在一起。爷爷奶奶经常为一点小事吵闹，家庭氛围一点都不和谐，小宁的成绩开始下滑。姐姐发现了小宁的变化，对小宁的要求更加严格。只要小宁达不到她制定的目标，姐姐就会进行棍棒教育，导致小宁产生了自卑心理和畏难情绪。久而久之，她便用自残行为来宣泄情绪，甚至萌生过轻生的念头。

案例分析

由于父母离异，小宁严重缺少关爱，再加上爷爷奶奶经常在家里吵闹，姐姐对她高标准、严要求，小宁深感压力重重。过重的压力导致她形成自卑心理，使她表现出不安、烦躁、孤独、离群等。随之，她开始怀疑自己，否定自己，甚至产生了轻生心理。

家教策略

1.珍爱生命，从我做起

家长可以通过阅读故事引导孩子科学认识生命，让孩子知道自己的生命来自父母，且只有一次。更要让孩子明白，生命不仅是我们自己的，更属于所有关心、爱护我们的人，因此要珍爱生命。

2.激励教育，唤起自信

家长要及时与学校沟通，请老师关心孩子的成长，让孩子在集体中找到存在感。在家里，家长要随时发现孩子的闪光点，及时表扬，赢得孩子的信任，帮孩子建立信心。

3.树立信心，激发动力

可以通过演讲比赛、阅读分享、参与公益活动等形式激励孩子。对于上文中的小宁，要让家庭成员看到她的进步，关注她的不良心理状况，让她随时感受到家庭的温暖，从而引导她自律、自信、自尊。

（薛　敏）

第三节 人际交往

亲子陪伴

父母陪伴，花儿绽放

案例描述

小花是一名12岁女孩，她的父母平时工作十分忙碌，经常加班。由于父母长期处于忙忙碌碌的状态，很少有机会好好地陪伴小花，小花虽然成绩优异，但在家里经常感到十分孤独，时间一久变得孤僻、内向，且无法与同学进行良好的人际交往。平时她经常独来独往，不愿意和同学交流。有时候，小花会找父母诉说自己的烦恼，但父母总是心不在焉，有时甚至会责备她分散了父母的注意力。这让小花感到十分沮丧。

案例分析

1.缺乏陪伴

父母无法陪伴孩子很容易让孩子产生孤立感和孤独感，甚至怀疑、否定自己。

2.沟通不畅

父母没有意识到小花的内心需求，以为她每天把自己的事做好就可以了，没有和她交流的意识，无法正确理解她的情感需求和烦恼。这使得小花感到被忽视和不被理解。

3.社交困难

由于缺乏与同龄人互动的机会和父母的支持，小花没有正确的社交引导和氛围，逐渐变得内向，因此出现社交恐惧。

家教策略

1.加强亲子陪伴

父母应当规划时间，定期与小花进行亲子活动，比如每周安排一次家庭聚会、每月外出郊游一次等。这样可以拉近亲子关系，增加彼此的交流和理解。

2.父母主动倾听

父母要让小花感觉到自己是被重视和关注的，每天和孩子交流，主动倾听孩子说话。同时，父母应该学会换位思考，设身处地体验小花的感受，以促进理解和沟通。

3.提供情感支持

父母不仅应该注重物质上的支持，更要注重情感上的陪伴，要关注小花的学习和生活，夸奖她的努力与成就，给予她足够的安全感，帮助她克服社交困难，鼓励她参加一些兴趣班或社区活动，培养她与人交往的能力。

（梁　谊）

让父爱陪伴孩子成长

案例描述

绘本《爸爸变成了透明人》中有这样的场景：孩子一个人在沙发旁玩玩具，爸爸像个蔫茄子躺在沙发上玩手机；孩子给爸爸的仙人掌浇水，爸爸用大得像山洞一样的嘴巴对孩子大吼；孩子吃饭的时候，爸爸说孩子吃饭像蜗牛。

案例分析

1.传统观念的影响

多数人对“父亲角色”的认识停留在“赚钱养家”，认为陪伴孩子、教育孩子是母亲的事情。殊不知，父亲责任感的缺失、教育知识技能的缺乏等，都会影响父亲在家庭教育中的形象与功能。

2.低估父爱在孩子成长中的重要性

有种偏颇的认识认为孩子更需要母亲，殊不知，父亲的陪伴对孩子的成长也十分重要。如果没有读懂孩子的行为，没有关注孩子的需求，一味地认为自己给予孩子的就是最好的，一定会影响孩子的成长。

3.积极情感的建立影响着孩子的成长

幼儿阶段是安全感和乐观态度形成的重要阶段。孩子在亲子陪伴中充分感受亲情和关爱，有利于形成积极、稳定的情绪情感，对自信心建立、人格健康发展、社交能力养成等意义重大。

家教策略

1.自问和反思

你有留出时间陪孩子吗？在陪伴的过程中，你是快乐专注的，还是焦虑敷衍的？你是尊重孩子的需求，还是让孩子按照你的想法行事？你和孩子有互动吗，还是各玩各的？答案不同，对于孩子的陪伴质量也不同。怎样让陪伴真正成为高质量陪伴呢？你想过吗？

2.明确陪伴责任

《中华人民共和国家庭教育促进法》将“亲自养育，加强亲子陪伴”放在家庭教育方法的首位，这是国家首次以法律法规的形式强调“亲子陪伴”的重要性，明确陪伴孩子是父母共同的责任。家长要合理安排工作和陪伴孩子的时间，抓住与孩子建立亲密关系的关键时期。

3.转变态度

“陪伴”不仅仅是“陪着”，不能把陪伴孩子当成付出、牺牲，要积极正向地面对陪伴这件事，全身心投入陪伴中。可以试着找找与孩子共同的爱好，可以带着孩子做喜欢的运动，可以带着孩子到各地感受风土人情。这将成为孩子一生珍贵的记忆，这才是高质量的陪伴。

（万建芬）

有效沟通

隔代沟通的重要性

案例描述

乔乔，3岁，外公外婆对她很是宠溺。这助长了她的不讲理。她的脾气变得越来越糟。

案例分析

1.寻根求源

怎样通过耐心而坚定的沟通，理解孩子背后的想法和需求，是诸多家庭面临的一大挑战。在隔代养育的情况下，更应引起重视。

2.家庭教育缺乏合力

祖辈的溺爱、娇惯、袒护，可能破坏平等、文明、和谐的家庭教育氛围。这一现象值得重视。

家教策略

1.家庭成员沟通

想改变孩子，先要改变家庭教育模式，甚至要改变孩子的行为模式。家庭成员可以一起讨论，并制订一套家庭规则，明确所有家庭成员的行为边界。这样可以确保所有家庭成员在行为层面保持一致性。

2.亲子沟通

亲子沟通是消除溺爱的关键手段之一。通过有效的沟通，父母可以向孩子传达正确的价值观和行为准则，帮助他们建立健康的行为模式。父母可以通过与孩子讨论并设定清晰、合理的行为规则，让他们知道什么是可以做的，什么是不可以做的。通过倾听，父母则可以更好地理解孩子的需求和动机，从而提供更有针对性的指导，规范孩子的行为。

3.家校沟通

父母作为第一监护人，要主动与老师反馈孩子的情况，寻求良好的教育策略。老师可以以中立的视角，帮助家庭成员找到平衡点和解决方案，确保孩子在不同的环境中接收到一致的教育信息，从而强化教育效果，减少溺爱现象，促进孩子健康、全面发展。

（何　潇）

与孩子共谱成长之歌

案例描述

豪豪，10岁，生长于单亲家庭，由于父亲常年在外打工，他跟着爷爷奶奶生活。豪豪的陋习特别多，比如说脏话、说假话、偷东西、欺负同学、强迫同学给他买东西等。

案例分析

1.父母缺席

豪豪在家庭中的主要教育者是年事已高、缺乏科学教育理念的爷爷奶奶。由于父母缺席，豪豪缺乏生活和情感上的支持与指导，可能感到孤独和无助，缺乏安全感和归属感。

2.自我认知不到位

豪豪在学校的行为问题可能与自我认知和社交技能缺乏正确引导有关，因此他无法有效地应对情绪和人际关系问题，从而表现出各种不良行为。

家教策略

1.家庭支持与情感联结

孩子需要稳定且温暖的家庭环境，家长应当尽可能多地投入时间与孩子进行交流和互动，建立好的亲子关系。豪豪父亲虽然工作繁忙，但可以通过电话、网络视频等方式与豪豪保持联系，关心他的学习和生活。同时，爷爷奶奶作为主要照顾者，也应当充分表达对豪豪的爱和支持，帮助他建立安全感和归属感。

2.心理疏导与情绪管理

豪豪可能面临情绪管理能力不足的问题，家长和学校可以通过心理咨询师的引导，帮助他理解和表达自己的情感，学会有效地管理和调节情绪。例如，教导他使用适当的方式表达愤怒、失落等负面情绪，如运动、绘画、做家务等方式，而非通过攻击性行为发泄情绪。

3.社交技能培养

家长应配合学校鼓励豪豪参加一些团队活动或完成一些小组合作任务，让他有机会与同学共同完成任务，培养团队合作精神和沟通能力，并对他的行为方式和道德观念予以科学监督、实时奖励和及时纠正。

（杨　萍）

多孩家庭的有效沟通

案例描述

案例一

自从妹妹加入我们的小家庭后，我们家越来越“热闹”。比如：妹妹悄悄拿走哥哥的学习用品，哥哥发现以后气得火冒三丈；调皮的妹妹洗完澡穿着哥哥的睡衣，跑到客厅冲我们哈哈大笑；等等。对此，我们已经司空见惯，习惯性对妹妹进行说服教育。哥哥虽然不至于对妹妹动手，但心里感到十分恼火。

案例二

儿子从小怕黑、胆小，所以一直没能和我们分床睡。现在，他已经快9岁了，为了让他尽快独立，我们尝试给他做“思想工作”。儿子说：“不行。如果我独立睡觉，那么妹妹也要独立睡觉，这样才公平。”

案例分析

在第一个案例中，妹妹的行为虽然有些调皮，但她只是想引起家人的关注。哥哥对妹妹的不满，主要是因为他觉得自己没有得到公平的对待。孩子在这个年龄段对公平的感知非常敏感，因此会对家长相关的处理方式产生怀疑。

第二个案例关注的也是孩子对公平的诉求。这是每个人成长过程中正常的需求。

家教策略

1.公平对待每个孩子

在多孩家庭，父母应明确表达对每个孩子的爱，并努力在日常生活中公平对待每个孩子。例如，当妹妹调皮时，不仅要教育她尊重哥哥，也要关注哥哥的感受，给予哥哥适当的安慰和补偿。同时，要鼓励他们相互理解和帮助，共同营造和谐的家庭氛围。

2.分阶段引导独立

针对孩子的独立问题，家长应根据孩子的年龄和心理发展阶段逐步引导。对于男孩，可以通过讲述勇敢主题故事、设置奖励机制等方式，鼓励他们。而对于女孩，则需在适当的时候，以她们能接受的方式逐步培养独立性，避免“一刀切”。

3.建立有效的家庭沟通机制

家庭成员间应建立开放、诚实的沟通机制，要鼓励孩子表达自己的想法和感受。当出现问题时，家长应耐心倾听，理解孩子的立场，然后和孩子一起寻找解决方法。这样不仅能增强家庭成员间的信任，还能促进孩子健康成长。

（姚　倩）

人际关系

凯凯的成长故事

案例描述

凯凯的父母由于做生意比较忙，很少和凯凯交流，这使得他内心比较孤独。平时，奶奶照顾凯凯。奶奶特别溺爱他，他养成了爱打人的坏习惯。凯凯刚入园时像一只狂妄的小兽，不懂得如何与同伴相处。其他孩子只得对他敬而远之。

案例分析

情绪表达与自我调控不足是主要原因。3 岁左右的孩子正处于情绪认知与管理能力迅速发展的阶段，凯凯尚未学会如何有效地表达自己的情绪和需求，尤其是在感到挫败或生气时。因此，他会选择攻击性行为作为应对机制。

凯凯的攻击性行为和孤独感源于家庭环境。他的父母忙于做生意，很少与他交流，没有正向引导他。

家教策略

1.以关心传递温情

父母要在孩子生活、学习上多给予关怀，引导孩子学会关心他人，学会与人沟通，学会在集体中找到自己的位置，成长为一个有爱心、有责任感、有同理心的人。

2.重视社交技能培养

要帮孩子理解和模仿正确的社交行为，让孩子在模拟环境中练习如何友好地与人交流和解决冲突。

（冯　琳）

亲密不等同于分享

案例描述

辰辰性格开朗，每当家中来客人，他总是以满腔的热情迎接，展现出极高的社交积极性。然而，在一次聚会上，当一群小朋友正其乐融融地玩耍时，辰辰突然表现出一种过于亲昵的行为——亲吻了另一位小朋友。这让对方感到十分意外和惊慌。

辰辰还拥有较为强烈的物权观念，对于自己的物品，如椅子、玩具等，他有着明确的界限感，不希望他人随意触碰或使用。对于不合心意的玩伴，他甚至会表现出排斥态度。这种强烈的个人意识，有时会导致他在与同龄人交往中发生摩擦和冲突。

案例分析

1.边界意识的形成

儿童在早期对自我与他人之间的界限认知尚未完全形成。辰辰的亲密行为，实际上是他表达友好的方式，但他尚不能理解这种方式会给他人带来不适。这需要家长引导和教育。

2.物权意识的觉醒与分享能力的缺乏

辰辰对物品的强烈占有欲反映了他物权意识的觉醒，这是儿童心理发展中的一种正常现象。孩子分享能力的培养需要家长的引导。辰辰的排他行为和拒绝分享，说明他尚未学会理解他人的需求和感受，这需要家长引导。

家教策略

1.明确边界教育

家长需要有意识地进行边界教育，向辰辰解释为什么不能随便亲别人，可以用简单的语言告诉他，应该尊重别人。家长还可以通过角色扮演等方式，让辰辰理解面对不同的社交场合和对象需要不同的社交方式。同时，要鼓励他用语言表达友好，逐步建立起对他人边界的尊重意识。

2.培养分享精神

告诉孩子：分享不是失去，而是互利；把东西分享给别人是对别人的关心和帮助；常与别人分享，别人也会与我们分享，回报相应的关心和帮助。这样，我们才能获得温暖和快乐，才能交到好朋友。也可通过故事、游戏和日常互动，逐步引导孩子学会分享，让孩子体验分享的乐趣。

（邓　莉）

家庭教育中的人际关系

案例描述

王一是一名初三学生，他在校园里总是显得有些孤僻，经常独来独往。课后，他常一个人在操场上转悠，没有伙伴。他还常常自言自语。

尽管他成绩优异，但在与同学交往时，他常常感到不自在。一次，班级组织户外活动。王一本不想参加，但在老师和室友的鼓励下，他还是去了。活动中，王一试图与同学交流，但他发现自己很难融入集体。每当他开口说话，周围的同学似乎都没有太多反应，甚至有些不耐烦。这让王一感到非常沮丧，他开始怀疑自己的社交能力，甚至考虑以后不再参加任何集体活动。

案例分析

1.存在沟通障碍

王一可能存在自我意识过强的问题。他在交流时过于关注自己的表现，担心说错话或做错事，这种紧张感会影响他的自然表达。

2.缺失沟通技巧

王一可能缺乏有效的沟通技巧，不知道如何开启话题、如何维持对话等。此外，王一可能没有意识到，人际交往中的非语言沟通同样重要，比如，肢体语言、面部表情等都可能影响社交。

家教策略

1.自我认知调整

家长要引导王一理解每个人都有自己的社交节奏，不必过分担心自己的社交表现。王一可以通过写日记或与信任的朋友交谈的方式，分析自己的社交行为，找出自己的优点和需要改进的地方，并适时参加适合自己的活动。

2.沟通技巧学习

王一可以多参加一些沟通技巧培训活动，学习如何更有效地与人交流。例如，学习如何用开放式问题引导对话，如何倾听他人，以及如何适当地表达自己的观点。

3.非语言沟通训练

要引导王一主动向家长倾诉，克服心理障碍，通过观察和模仿他人的非语言行为来提高自己的非语言沟通能力，从而提高人际交往能力。

（梁　谊）

第四节　抵御网瘾

网络用语泛滥影响孩子的语言习惯

案例描述

宸宸是一名小学一年级学生。近期，家长发现他频繁使用各种网络用语甚至各种脏话。这些词汇不仅不雅，还可能影响孩子的语言习得和社交发展。在学校，宸宸与小朋友交流时也经常使用这些词汇，其他小朋友会模仿，整个班级的语言环境甚至因此受到影响。

案例分析

1.互联网的影响

现代儿童在成长过程中不可避免地会接触到网络及网络社交媒体。这些平台上的语言往往较为随意、不规范，甚至包含一些不雅词汇。孩子可能会在浏览网络或观看短视频时，学到一些网络用语甚至脏话。

2.家庭教育与引导不足

家长在孩子成长过程中，应该注重语言引导。然而，一些家长由于忙于工作或其他事务，常常忽视孩子的语言习得问题。此外，家长自身也可能存在使用不规范语言的情况，无形中影响了孩子。

3.教育策略缺失

对于孩子使用网络不规范用语的问题，家庭应有有效的教育策略。如何引导孩子正确使用语言、规范表达，是家长和教师需要共同面对的挑战。

家教策略

1.建立规矩，合理引导

家长应与孩子共同制订使用网络及电子产品的规则，让孩子明白何时可以使用、何时需要放下以及使用时的注意事项。同时，家长要起到榜样作用，减少过度使用网络及电子产品的行为，尤其是在孩子面前。平时，要鼓励孩子与人沟通时使用规范的语言。

2.丰富生活，激发兴趣

家长应引导孩子多参与各种活动，通过阅读、讲故事等方式丰富孩子的语言表达，削弱他们对网络语言的依赖，让他们在现实生活中也能找到乐趣和成就感。

3.关注情感，加强沟通

家长要多关注孩子的情感需求，多与他们交流、互动，了解他们的想法和感受。当孩子遇到问题时，要耐心倾听、积极引导，帮助他们树立正确的世界观、人生观和价值观。

（杜晓霞）

引导孩子远离网络游戏

案例描述

案例一

凯凯，10岁，由于父母常年在外做生意，他住在舅舅家里。一天下午的语文课上，老师发现凯凯在打瞌睡，于是便让他站起来提提神。凯凯站起来之后仍然睡眼蒙眬。同学小A说上午的英语课和数学课上凯凯也在睡觉，小B说凯凯昨晚打了一晚游戏。

案例二

琳琳，12岁。琳琳的父亲喜欢玩一款网络游戏，后来他不玩了，就把游戏账号给了琳琳。琳琳于是效仿父亲的行为，开始了网游生活。

案例分析

1.网络游戏的吸引力

网络游戏具有刺激性、挑战性，容易让玩家上瘾，还会不断引导玩家付费。即便是成年人也难以清醒自制，何况是思想价值体系还未健全的儿童。游戏的危害性远大于娱乐性。

2.家庭教育的缺失

有些父母长年忙于工作，不能及时了解孩子的生活状况、学习状况以及心理变化。有些父母本身就是网络游戏爱好者，在玩游戏的时候从不避讳。孩子缺少关爱，便倾向于在网络游戏中寻找情感安慰和补偿。

家教策略

1.重塑认知

家长要认识到网络游戏对孩子有极大危害，孩子本身也得清晰地认识到这一点。家长要多借用实例给孩子讲述网络游戏的危害性。

2.改善家庭氛围

家长要做好榜样，在孩子面前尽量不打游戏，让孩子感受家庭温暖，有意识地培养孩子积极的兴趣爱好，转移孩子的注意力。可以带孩子参加户外活动，尤其是节假日。孩子课余生活丰富了，兴趣变多了，自然不会沉迷于网络。

3.讲规矩，立约定

引导往往比教训更有用，如果强迫孩子容易引起孩子的逆反心理。家长由此可能和孩子产生距离，甚至发生冲突。可以换个角度，约定一个合理的时间让他玩。可以就他遵守约定这件事给予肯定和奖励。

（张莉娟）

抵御网瘾　华丽转身

案例描述

案例一

小军正在读五年级，一直以来十分出色，学习成绩在班级中排在前列。然而，自从他偷偷玩了网络游戏，一切都变了。

案例二

琪琪是一个活泼可爱的小女孩，正在读小学六年级。她不仅学业优秀，还特别喜欢与人交流。然而，琪琪沦陷在了网络世界，她常在社交媒体分享自己的日常生活，享受来自陌生人的关注和赞美。琪琪的眼睛慢慢变成了近视眼，她的学业也受到影响，成绩不断下滑。

案例分析

1.网络的危害

从心理发展的角度来看，小学生处于自我意识日渐觉醒的阶段。他们希望被听见，希望得到关注，网络平台很容易满足他们这些需求，从而使得他们产生依赖。

2.网络社交媒体的危害

网络社交平台上的虚拟互动可以给予孩子即时反馈与认同，他们容易在这一过程中错失与现实世界交流的机会，从而导致社交技能缺失和现实人际关系疏远。

3.家庭引导的重要性

在家庭教育层面，家长的角色十分关键，他们需要对孩子的网络行为给予合理的监督和引导。为此，家长要更多地了解网络安全知识。

家教策略

1.正确引导，共建网络安全防线

家长需通过自身的言行传递正确使用网络的观念，还要与学校共同开展网络安全教育，让孩子从小树立网络安全意识，培养良好的兴趣爱好。

2.严格要求，规范网络使用行为

可以制定家校网络使用相关规章制度，明确使用网络的时间、情况等，引导孩子合理使用网络。也可以通过主题班会、作文竞赛、角色扮演等内化孩子的网络礼仪和安全知识。

3.适当激励，重塑孩子的学习榜样

家庭、学校、社会要形成合力，共同推广网络安全知识，如开展网络安全知识竞答、漫画绘制等活动，培养孩子的网络安全意识。

（唐令方）

放下手机，护“幼”成长

案例描述

案例一

乐乐，3岁，聪明活泼，可是妈妈为他头痛不已。乐乐特别喜欢玩手机，只要一有时间便嚷着要玩手机。家长不给，他就哭闹不止。一旦拿起手机，他瞬间就能安静下来，长时间玩耍，乐此不疲。

案例二

5岁的辰辰和爸爸妈妈去参加聚会。大人们谈笑风生，好不热闹。辰辰一个人无所事事，十分无聊，便缠着爸爸妈妈一起玩。爸爸不耐烦地拿出手机，辰辰眼睛一亮，抱着手机，沉溺其中，直到聚会结束。

案例分析

1.社会现象

随着科技的发展，网络在我们的生活中逐渐普及，给我们的生活带来了很大的便利，但随之也导致了一系列负面影响。例如：孩子长期沉溺网络，养成不良生活习惯；网瘾问题越来越低龄化；等等。

2.童心里的纷繁世界

良好学习、生活习惯的养成，直接影响着孩子小学、中学生活甚至整个人生。幼儿阶段的孩子具有强烈的好奇心，对身边的新鲜事物特别感兴趣，电子产品很容易让他们产生依赖。

家教策略

1.以身作则

家长作为孩子的第一任老师，若想让孩子不玩手机，绝不能以家长高高在上的身份命令孩子，而是要把自己放在与孩子平等的位置上，以身作则，做好榜样，在孩子面前放下手机。

2.兴趣养成

家长在日常生活中要多观察孩子感兴趣的是什么，要有意识地培养孩子阅读方面的兴趣爱好，让健康的兴趣充盈孩子的生活，让孩子在闲暇时“有事”可做。

3.更多陪伴

良好的家庭陪伴不但能促进亲子关系，还能让孩子有足够的安全感、面对困难的勇气、活泼开朗的个性、独立健全的人格。家长多陪伴孩子运动，孩子才会有健康有力的体魄，坚毅果敢的品质。家长多陪伴孩子阅读，孩子才会有良好的语言理解能力，丰盈富足的精神世界。

（唐千惠）

做网络时代的阳光少年

案例描述

周鑫，男，12岁，小学六年级学生。父母离异后，他由父亲抚养。他父亲在外地上班，很少回家。他从小跟着爷爷生活，爷爷照顾他的饮食起居。他与父亲的关系十分糟糕。从五年级开始，他迷恋上网络游戏，为了买游戏装备，花了家长4000多元钱。他经常逃课，经常迟到，经常拖欠作业，在班级内造成严重不良影响。

案例分析

父母离异后，家人对周鑫的陪伴很少，交流只限于学习。周鑫只能通过游戏获取快乐和成就感。

由于长时间沉浸在网络中，周鑫对互联网产生强烈依赖，甚至达到痴迷程度，难以自我解脱。

家教策略

1.注重思想引导

家长应配合学校加强孩子的品德培养，使其树立正确的世界观、人生观和价值观，同时进行意志力、控制力、责任心的培养，加强自律与他律的培养，使孩子具有一定的自我控制能力、辨别是非能力。

2.以爱感染孩子

家长应该引导孩子正确使用网络。在空闲时间，家长可以与孩子一起开展有意义的活动，争取有效地把孩子的注意力从网络转移到现实世界。

3.培养健康的兴趣

家长应花时间引导孩子发掘自己健康的兴趣爱好，鼓励孩子参加有意义的活动，融入班集体，扩大朋友圈，尽量使课外生活变得丰富多彩，用健康有益的活动代替不良爱好，从而保证孩子身心健康发展。

（康开平）

第五节　拒绝欺凌

认识校园欺凌

案例描述

阳阳和瑞瑞从幼儿园到小学三年级都是很好的朋友，但最近瑞瑞一提到阳阳就战战兢兢，而且身上有很多明显的伤。家长与老师经过多方了解发现，这都是瑞瑞一个新玩具惹的祸。阳阳想玩，瑞瑞不给，阳阳便和几个同学一起多次欺负瑞瑞。阳阳说，他是从电视上学的。

案例分析

1.家庭教养方式不当

一些专制的父母对孩子有较高的期待，但是他们的教育方式相对比较简单粗暴，他们不允许孩子违背家长的意愿，不能容忍孩子有自己的想法。在这个过程中，家长可能出现一些打骂孩子的现象，孩子由此受到负面影响。

2.家庭教育内容不完善

家长只重视孩子的考试成绩，忽略孩子道德观、价值观的养成教育，忽视孩子的心理健康。

3.家庭教育观念不科学

面对校园欺凌，一些家长认为孩子之间打闹再正常不过，不需要郑重其事地去处理。因此，一些孩子向家长表达自己受到同学欺凌时，家长可能简单应对，甚至不以为然。殊不知，家长的错误认知可能切断孩子的求助渠道。

家教策略

1.构建和谐、温馨、民主的家庭教育氛围

孩子的身心健康成长离不开民主的家庭教养方式，其中主要包括充分的尊重和信任。要认真倾听孩子的意见，营造温馨和谐的家庭氛围，并给予充分的社交指导。我们作为父母，要告知孩子：我相信你，我信任你，我知道你会打理好自己的生活，我始终愿意倾听你，我始终关心你，你对我来说是非常重要的。

2.以身作则，发挥家长的榜样作用

家长面对工作和生活压力时，一定要处理好情绪，不要拿孩子出气，不要将负面情绪传递给孩子。另外，面对冲突时，应当用道德规范和法律准则合理合法应对，而不是用暴力。

3.引导青少年正确认识校园欺凌

家长要和孩子一起学习，正确认识校园欺凌，提升孩子的自我保护意识。要告诉孩子，遇到欺凌行为，要及时向家长和老师勇敢地求助，必要时可以报警。

（段丽鸿）

拒绝校园欺凌

案例描述

霖霖是小学六年级学生。新学期开学不久，班上几个男生经常以各种理由向霖霖索要钱财，金额从几元到几十元不等。霖霖不堪其扰，向班主任求助。班主任分别与施暴者和霖霖的家长沟通后，这一情况暂时得到了缓解。然而，没过多久，施暴者找到了新的欺凌方式。他们在校园

里拦截霖霖，强迫他做各种事情，比如当众表演丑态、模仿动物叫等。更过分的是，施暴者开始随意殴打霖霖，导致霖霖身体多处受伤。霖霖不堪忍受，情绪日益低落，出现了厌学情绪，成绩也一落千丈。

案例分析

1.孩子心理不够健康

五六年级的孩子逐渐进入青春期，情绪和情感变得更加丰富和复杂。他们开始更多地体验到焦虑、沮丧、愤怒等负面情绪，也更容易受到外界因素的影响。校园欺凌的加害者与受害者，往往都不是心理健康的个体。

2.学校持续跟进不够

霖霖在遭受欺凌初期曾向班主任求助，班主任也做了初步的斡旋工作，但没有持续关注。也即，施暴学生尚未形成基本的是非善恶和法治观念，学校反欺凌预案和应急处置机制有待健全。

家教策略

1.加强家校沟通合作

良好的家校配合是预防和制止校园欺凌的关键。学校要主动与家长沟通，让家长了解校园欺凌的危害，掌握尽早发现孩子被欺凌的方法，鼓励家长在家庭教育中关注孩子心理健康。家长要主动与学校沟通孩子的情况，共同为孩子营造绿色、健康的成长环境。

2.开展丰富多彩的主题活动

家长可联动学校开展禁止校园欺凌的主题班会、手抄报比赛、演讲、辩论赛、案例讨论等活动，在全校营造友善、和谐的校园文化氛围，引导孩子尊重他人、与人为善，增强孩子的法治意识和自我保护能力。

3.重视心理教育

对于欺凌事件中的受害者，家长要联动学校给予及时的心理辅导和疏导，必要时要请专业的心理咨询师介入，帮助受害学生走出阴霾，重建自信。对于施暴者，也要开展有针对性的心理教育和辅导，矫正其错误的价值观念，增强其法治意识和道德修养。

（冷　萍）

用爱心将“问题少年”转化为“热血少年”

案例描述

小恺的父母常年外出务工，他一个人在城里读书，从小学到高中一年都是班里的优等生。他性格活泼可爱，深得老师和同学的喜欢。不料，他在高中二年级染上了抽烟、喝酒等恶习。一天晚上，他被几个同学拉进了游戏厅，在别人引诱和胁迫之下参与了网络赌博，欠下5000元钱，还成了这群人欺凌的对象。

案例分析

1.校园周边环境的重要性

校园欺凌作为一个长期存在的、屡禁不止的、危害学校公共安全的问题，有其深刻的、复杂的社会成因，也可以折射出学校、家庭、社会在未成年人教育保护方面的诸多不足。治理校园欺凌绝非一日之功，不是一个制度、一次会议就能达成的，需要全社会共同发力。

2.孩子安全防范警醒意识不强

欺凌事件的受害者可能出现严重的心理创伤和适应障碍。

胆怯、情绪低落、厌学、成绩下滑等既是欺凌的结果，反过来又会进一步削弱受害者的自我保护能力。这会直接影响受害者的学业，进而影响整个人生发展。

家教策略

1.加强生命教育

家长要联动学校加强对孩子的生命教育，提高其识别和处理校园欺凌的意识与能力。家长和老师要加强合作，对已经发生的校园欺凌事件要采取干预措施，防止事态恶化，同时多与孩子沟通，了解孩子的思想动态。

2.完善校园欺凌防治机制

家长要联动学校，将防治校园欺凌纳入学校管理和德育工作议程，成立专门的工作小组，制订切实可行的预防、发现、处置、善后等方案和流程，持续跟踪已发案例。同时，将反欺凌教育融入日常德育课程、班会、团会等活动中，营造集体反欺凌的浓厚氛围。

（蒋　勤）

第三章

智慧家教现场

家教现场以小家庭和谐共建促进大社会治理为主线，全面落实立德树人的根本任务，充分发挥家教的辐射引领作用。家庭、学校和社会三者密切配合，才能推动爱国爱家、相亲相爱、向上向善、共建共享的社会主义家庭文明新风尚的形成。

第一节　品格养成

好风传家，德善为先

“好风传家，德善先行”教育引导

活动意义

开展德善教育活动的目的是培养孩子良好的品德和社会责任感，使他们在成长过程中树立正确的人生观和价值观。具体而言，是通过德善教育活动，让孩子学习关于道德、伦理等方面的知识，提高道德修养和人格素养，了解社会多样性与复杂性，培养社会责任感和团结协作能力。

活动内容

结合孝德家风活动，组织家长及孩子开展系列主题活动。

1.开展“德善教育·家风讲堂”视频讲座

组织家庭观看视频讲座，引导孩子从小树立正确的世界

观、人生观、价值观，争做懂礼仪、讲文明，孝敬父母、长辈，懂得感恩的小公民。

2.开展“德善故事分享会”

以讲故事的形式让孩子明白德善无小事，从身边做起，从小事做起，做一个德才兼备的人。

3.以“我为家人做道菜”为主题开展劳动教育体验活动

教孩子为家人做道菜，让孩子体验劳动的过程，从生活小事中感受家人对自己的关爱和付出，从而做一个关爱他人、懂得感恩的人。

4.弘扬传统文化，描绘传统佳节风采

以传统节日为契机，组织家长和孩子了解中国传统文化，并结合传统习俗绘制传统节日主题手抄报。通过这样的活动，加强孩子的传统文化教育，增强孩子的民族自豪感和文化自信心。

现场采访纪要

问：你们在这些活动中有什么收获？

学生：通过参与这样的活动，我们更加清楚地知道，不仅要学习好，而且要品德好。我们要做德才兼备的新时代接班人。

家长：德善教育活动开展得非常好，不仅可以让下一代人接受教育，也可以让家长有深刻领悟。我们应该提倡人人向善，人人崇善，人人行善。

老师：以多种形式开展的德善教育活动，让学生、家长和老师都受益匪浅。这不仅有助于家校共育，同时也让我们领悟了“学高为师，身正为范”的深刻含义。

（严建春）

家风悠悠，善德相续

活动意义

“好风传家，德善为先”是一句名言，它蕴含着深刻的意义。“好风传家”意味着一个家庭应该有一种良好的风气或传统，这种风气是积极的、正面的，能够影响家庭成员的品格和行为。“德善为先”强调德行和善行在家庭教育和家风传承中的重要性。德行是一个人的立身之本，是为人处世的基础。在家庭教育中，父母应该注重培养孩子的德行，让他们学习尊重他人、诚实守信、勤劳节俭等优秀品质。

活动内容

结合亲子活动，组织家长代表讲述家风故事，邀请相关专业人士为大家解析《中华人民共和国家庭教育促进法》中规定的家庭责任，引导大家明确活动主题及活动意义。

现场采访纪要

问：果果妈妈，您好！您是如何理解“好风传家，德善为先”这句话的？

答：在我看来，“好风传家，德善为先”是在提醒我们，在家庭教育中要注重培养孩子的品德和人格，让他们成为有道德、有爱心、有能力的人。同时，它也提醒我们要注重家庭文化的传承和弘扬，让家族的优良传统和价值观念得以延续和发扬。这样的家庭教育才能培养出真正具有优秀品质和能力的下一代，为社会的发展和繁荣作贡献。

问：七七爸爸，您认为“好风”在家庭传承中具体指的是什么？

答：“好风”在家庭传承中是指一种积极向上的家庭氛围和家风，它涵盖家庭成员之间的关系、传统美德、价值观念、言行举止等。这种“好风”对于家庭成员的成长和发展具有深远的影响，有助于培养孩子的品德和能力，为他们的未来奠定坚实的基础。

问：菲菲妈妈，您在家庭教育中是如何培养孩子的德行和善心的?

答：树立榜样、教育引导、注重礼貌教育以及鼓励善行。我会鼓励孩子多做好事、多行善举，例如在公交车上主动给老人让座、帮助同学等。这些善行不仅可以让孩子体验到帮助他人的快乐，还可以培养他们的善心和爱心。

问：晨晨爸爸，在践行“好风传家，德善为先”的过程中，您遇到了哪些挑战？又是如何克服的?

答：父母在言行上不能做到一致，或者自己本身存在一些不良习惯，那么在教育孩子时就会缺乏说服力。作为父母，我们应时刻注意自己的言行举止，努力成为孩子学习的榜样。同时，我也会引导孩子关注身边的正能量，如向优秀的人学习、积极参与社会公益活动等。

（杨若莲）

潜移默化，家风传承

活动意义

在当前社会快速发展的时代背景下，家庭教育作为社会文化传承与价值观塑造的关键环节，其重要性不容忽视。这类活动不仅有利于弘扬中华民族“以德为先、崇善尚美”的传统美德，而且有利于家庭和谐与社会文明进步。

活动内容

1.开展家风传承讲座

各级家庭教育指导中心业务骨干，通过生动的案例分析和深入浅出的讲解，向孩子及家长展示优秀家风的历史渊源、社会价值及现实意义。

2.开展亲子互动活动

以增强家庭成员之间的情感纽带为目的，组织家长和孩子共同参与绘画、制作手工艺品等活动。这不仅可以锻炼孩子的动手能力，更可以在合作中增强亲子间的理解和信任。

现场采访纪要

问：参加了这场活动，你们有什么感受？

孩子：我觉得家风就像一面镜子，它能映照出我们家庭的品德和修养。这类活动，让我更加明白要做一个有道德、有爱心的人，要为家庭争光，为社会添彩。

家长：这样的活动不仅增强了家庭成员之间的沟通与理解，还让孩子在潜移默化中接受了传统文化的熏陶和道德教育。看到孩子在活动中那么积极、那么快乐，我感到非常欣慰。我相信，这样的活动会对他们的成长产生深远的影响。

（赵玉凤）

星火相承　红色洗礼

星火传承，红色熔铸

活动意义

在历史的长河中，红色基因承载着无数革命先烈的崇高理想和坚定信念，是我们民族精神的重要组成部分。通过红色研学活动，加强红色教育，传承、弘扬红色基因，可以让孩子了解国家的发展历程，理解革命先烈的伟大精神，增强民族自豪感和爱国主义精神。同时，要让孩子从课堂走向实践，引导他们树立正确的世界观、人生观、价值观，强化社会责任感，培养良好的道德品质。育人育心、铸魂固本。在家校共育中，融入红色教育元素是一项重要而深远的工作。

活动内容

1.参观红色纪念馆

以家庭为单位走进红色纪念馆，聆听讲解员讲述革命先烈的英勇事迹，穿越时空切身体会过去那波澜壮阔的岁月。

2.举办红色亲子讲座

通过讲座，深入解读红色精神的内涵和时代价值，让家长

和孩子从理论层面对红色文化有更系统、更全面的认识，从而更有共同话语。

3.开展红色故事分享会

组织者、参与者可以分享自己所了解的红色故事，让家长和孩子共同学习红色故事，以此提升孩子的各项能力。

4.开展红色文化创意比赛

鼓励参与者以绘画、书法、诗歌等形式表达对红色精神的理解和感悟，并锻炼孩子的动手能力，激发孩子的创造力和想象力。

5.举办相关宣传展览活动

开展红色文化宣传活动，通过发放宣传资料、举办展览等方式，引导参与者走进社区、学校，向更多人传播红色文化，让红色精神在更大范围内广泛传播。

现场采访纪要

问：你们参观红色教育基地后有什么感受？

参与者李静：这次活动让我对红色历史有了全新的认识，以前只是在书本上了解，这次通过参观和讲座，我真正感受到了革命先烈的伟大和无私。我会把这种精神带到生活中，努力学习，为祖国的繁荣富强贡献自己的力量。

问：关于红色故事分享会，你有什么感悟？

参与者万建芬：红色故事分享会让我印象深刻，听到大家讲述那些感人故事，我不禁热泪盈眶。我觉得我们应该珍惜现在的幸福生活，不忘历史，传承红色基因。

问：为什么要组织这场活动？

组织者唐永惠：看到大家在活动中收获满满，我们感到非常欣慰。我们举办这次活动是希望激发大家的爱国情怀，让红色精神在新时代焕发新的活力。我们会继续努力，为传承和弘扬红色文化作出更多贡献。

（姚星宇）

○ “传承红色基因　争做时代新人”主题教育活动

活动意义

通过红色亲子研学活动，加强红色教育，传承、弘扬红色基因，让孩子了解国家的发展历程，理解革命先烈的伟大精神，增强民族自豪感和爱国主义精神。同时，让孩子从课堂走向实践，引导他们树立正确的世界观、人生观、价值观，强化社会责任感，培养良好的道德品质。

活动内容

在妇联、关工委等部门的组织和引领下，开展红色亲子体验活动。通过参观红色革命教育基地、组织模拟红军长征、参加红色团队建设等活动，让孩子身临其境地感受红色精神的力量，培养坚毅的品质。

现场采访纪要

问：你们觉得此次活动有哪些意义？

领导：此次红色旅游研学活动寓思想道德教育于参观游览之中，将革命历史、革命传统和革命精神通过研学旅行的形式传输给孩子，有利于传播红色文化，提高孩子的思想道德素质，增强爱国主义教育效果，给孩子以心灵的震撼、精神的激励和思想的启迪。

教师：此次红色研学旅行的重大意义在于，让书本上的知识“鲜活”了。这次活动让我们真真切切体会到革命年代的艰苦，以及现在幸福生活的来之不易。

学生：这次旅行让我们认识到了祖国的繁荣昌盛是无数先

烈前赴后继、英勇牺牲换来的。我们要向英雄学习，学习他们百折不挠、战胜困难的精神，将来更好地建设我们的祖国。

（田　霞　姚星宇）

○ “赓续红色血脉”清明节主题活动

活动意义

清明节是一个承载着深厚文化内涵和追思之情的传统节日。今天，它包含着对革命先烈的深切缅怀和崇高敬意，有助于传承和弘扬红色精神。在清明节开展赓续红色血脉主题活动，是铭记历史、传承精神、激发力量的重要举措。让我们在缅怀中汲取前行的动力，在传承中创造更加美好的未来。

活动内容

1.参观红色纪念馆

在清明节前夕，村（社区）妇联组织牵头带领辖区少年儿童、家长参观各类红色教育基地，如旷继勋牛角沟起义遗址，开展青少年爱国主义教育活动，加强青少年思想道德品质建设和家庭爱国主义情怀培育。

在蓬溪烈士纪念馆，少年儿童神色肃穆，认真聆听解说员关于文物史料的介绍。一幅幅图片，一张张图表，一件件实物，一段段视频，仿佛把大家带回到 90 多年前那个跌宕起伏、波澜壮阔的年代。

2.敬献花篮

在纪念碑前，少年儿童鞠躬献花，并耐心听讲解员讲解，积极互动。孩子们说：“这样的活动太有意义了！回家后一定要写一篇作文！”家长们也表示，希望社区以后多组织这样的活动，现在的孩子没有吃过苦受过累，让他们多了解一些我们国家艰辛的奋斗历史，才能真正地让他们追寻时代记忆，传承时代精神！

现场采访纪要

问：你们参加今天的活动有什么收获？

社区志愿者：此次活动的开展，让孩子们切实感悟到今天幸福生活的来之不易。同时，现场所看、所听、所想可起到净化心灵、感恩社会、传承爱心的巨大作用。这可以引导家长及青少年学会担当，培养民族自豪感和拼搏向上的精神。

（唐利霞）

星火相传　红色印记

活动意义

育人育心、铸魂固本。在幼儿园教育中，融入红色教育元素是一项重要而深远的工作。利用本土红色资源，创设主题为“星火相传　红色洗礼”的野战区域游戏，通过寓教于乐的方式，让孩子在游戏中学习红色历史，体验红色文化，培养爱国情怀和社会责任感。

活动内容

根据孩子的年龄特点和认知水平，设计适合各年龄段的红色亲子游戏。例如，为小班设计简单的红色故事讲述和角色扮演活动，让中班参与更有挑战性的模拟长征游戏，而大班则可以尝试复杂的战略游戏。

在游戏项目的设计中，需要充分考虑幼儿在户外体能游戏活动中的角色扮演情况。可以利用梯子这一活动材料设置“泸定桥”，可以将帐篷设置为“野战医院”，在里面为“受伤的士兵”治疗。在户外野战区域，可以从后勤、实战情景等多个方面进行活动项目设置，比如弹药库、野战医院、作战场地等，让游戏内容更加丰富、更加真实。

在亲子户外野战游戏活动中，教师可充分发挥游戏活动观

察者、引导者的作用，推进户外野战体能游戏活动顺利进行。

现场采访纪要

问：这场活动的目的是什么？

教师：通过“星火相传　红色洗礼”野战区域游戏，将红色文化融入幼儿户外体能游戏活动实践，让孩子在快乐中学习，在学习中成长，从而为他们的品格和情感发展奠定坚实基础。这种教育方式的实施，无疑是对幼儿园教育内容的丰富和深化，对孩子的成长具有深远影响。

（杨　琳）

书乡童阅　亲子阅读

“书香飘万家　阅启新征程”亲子阅读活动

活动意义

亲子阅读作为家庭教育的重要组成部分，意义深远。首先，亲子阅读能够增进亲子之间的情感交流，让父母和孩子共同享受阅读的乐趣，从而建立更加紧密的家庭关系。其次，亲子阅读有助于培养孩子的阅读习惯和兴趣，让孩子在父母的陪伴下，逐渐爱上阅读，养成终身学习的良好习惯。最后，亲子阅读能够拓宽孩子的视野，丰富孩子的知识，提高孩子的综合素养，为其未来的学习和生活打下坚实的基础。

活动内容

选择适合孩子的阅读材料，为孩子创造一个良好的阅读环境。通过多种方式和孩子交流，培养孩子多方面的能力，增进和孩子的亲密度。

现场采访纪要

问：你觉得亲子阅读有哪些作用？

尹某轩妈妈：和孩子一同阅读，可以让孩子了解更多知识，开阔眼界，也可以增强孩子的阅读好奇心和兴趣。

问：和孩子一起阅读对孩子有哪些影响？

李某嘉爸爸：跟孩子一起阅读，可以帮助孩子理解和体验故事中角色的情绪变化，增强孩子的共情能力。同时，和孩子交流和分享，可让孩子学会更好地表达自己的情感和观点。

问：和爸爸一起阅读后，你有哪些感受？

王同学：以前，爸爸总是让我多读课外书，他则要么玩手机，要么打麻将。那时的我不想读书，只想玩。这段时间，爸爸经常陪我阅读，我才发现爸爸好有知识！有时，我们一家人还一起在家里扮演故事中的角色，这非常有趣，我感觉很开心。现在，我爱上了读书，我更爱我的爸爸了！

（田　霞　姚星宇）

“为爱读书——母亲节”主题读书会活动

活动意义

社区亲子阅读活动通过搭建温馨的亲子互动平台，可以促进家长与孩子的情感交流，激发孩子的阅读兴趣。孩子的健康成长离不开父母的陪伴。在亲子共读环节，家长陪同孩子挑选喜爱的书籍，与孩子坐在一起阅读，可享受幸福的亲子阅读时光。

活动内容

妇联携手社会组织带领儿童青少年走进图书馆、阅览室等地方，开展"为爱读书——母亲节"亲子阅读活动。

亲子阅读活动分手语操表演、为母亲制作贺卡并赠送康乃馨、书香童阅三个环节。

当悠扬的歌声响起，整个图书馆一片肃静，四十余名少年儿童跟随音乐，面向母亲开启《感恩的心》手语操表演。孩子的动作整齐划一，神情庄重而严肃，无声的手语表演渗透着有声的感恩与关爱，一张张稚嫩的脸上写满了发自内心的感恩之情。

在我们一生中，有一个人最要感谢，有一个人最应感恩，那就是——妈妈。"妈妈，我爱你，谢谢你的养育之恩。"孩子们说。拿着孩子亲手制作的节日贺卡和双手献上的康乃馨时，妈妈们泪湿眼眶，激动得与孩子紧紧相拥。活动既呈现了孩子对母亲的爱，又促进了亲子关系，还增强了居民在社区的归属感。

现场采访纪要

问：通过这次活动，您和孩子有哪些收获或感悟？

家长：这次活动让我更加了解孩子的阅读兴趣，我也发现了他对一些话题的独特见解。我还意识到自己在阅读陪伴方面的不足，以后我会抽出更多时间陪孩子阅读。

问：您希望社区举办哪些类似的亲子活动？

家长：希望社区能继续举办更多元的亲子活动，比如亲子运动会、亲子手工制作、亲子科学探索等。这些活动不仅能丰富我们的家庭生活，还能让孩子在玩乐中学习新知识，结交新朋友。

问：通过这次活动，你有哪些收获或感悟？

孩子：我学到了很多新知识。而且，和妈妈一起读书让我觉得很温暖。我希望以后有更多这样的活动。

（唐利霞）

和你一起阅读 我们共同成长

活动意义

农村学校的留守儿童居多，这些孩子往往更敏感，更需要亲人的陪伴。陪伴是最长情的告白，亲子阅读是最温暖的陪伴。所以，我们希望通过亲子阅读培养孩子的阅读习惯，开阔孩子的视野，提升孩子的表达能力，让亲子关系更加和谐。

活动内容

1.发起活动倡议，提出活动要求

以家校共育为契机，发出活动倡议，对家长提出培养孩子阅读习惯和帮助孩子提升阅读能力的要求，为活动的顺利进行奠定基础。

2.收集活动成果

活动期间，要求孩子和家长一起发挥想象，设计读书手抄报。

3.总结活动意义

让家长和孩子一起回忆共同选择书籍并且一起阅读的过程，总结活动的意义。

讀書破萬卷

读书须用意
一字值千金

骑鹅旅行记
主要内容

快乐阅读
父与子

现场采访纪要

问：参加这样的活动，你们有什么感想？

王某婷妈妈：以前我总是要求女儿读我选择的内容，她不情不愿。现在我明白了，要尊重孩子的选择，要进行多样化的阅读，要让孩子接触不同的知识和文化，要激发女儿的阅读兴趣。

张某杰奶奶：我眼睛不好，识字也不多。以前，孙儿自己想读就读，我则在一旁看电视、做家务等。在这次亲子阅读打卡活动中，我一直坚持陪他读书。虽然我并没有读多少，但孙儿经常和我分享他正在读的故事。我发现，孙儿比以前更亲近我了，更自信、开朗了！谢谢老师，以后多指导我们，多开展这样的活动！

王某涵同学：以前，爸爸总是要求我多读书，他则在一旁玩游戏。那时的我不想读书，只想去小区里玩。这段时间，爸爸经常陪我阅读《孙子兵法》，我发现爸爸知道好多。有一次，我们一家人在家里表演《空城计》。我演司马懿，爸爸演诸葛亮，妈妈和妹妹演书童，我觉得特别好玩。

（吴　琴）

书香童趣　亲子共阅

活动意义

亲子阅读作为家庭教育的重要组成部分，意义深远。首先，亲子阅读能够增进亲子之间的情感交流，让父母和孩子共同享受阅读的乐趣。其次，亲子阅读有助于培养孩子的阅读习惯和兴趣，让孩子在父母的陪伴下，逐渐爱上阅读，养成终身学习的良好习惯。最后，亲子阅读能够拓宽孩子的视野，丰富孩子的知识，提高孩子的综合素质，为其未来的学习和生活打下坚实的基础。

活动内容

1.阅读周，读书月，爱在每一页

举办阅读周、读书月打卡活动。通过家校互动，提升家长的教育观念，让家长将新的阅读理念和经验内化为行为，并积极转移至对孩子的家庭教育中。

2.混龄阅读，共享快乐

在幼儿园开展混龄阅读活动，为幼儿的发展提供更多观察、模仿和学习的机会，促进幼儿智力和语言发展。在每月的家庭教育指导活动中，邀请家长入园参加混龄阅读活动，引导幼儿向他人学习，并积极展现自我。

3.设置图书角

在家庭为孩子设置图书角，营造喧哗世界中的静谧角，让孩子与书为友，爱书护书。在这个小小角落里，孩子可在书海泛舟，做学习的主人。以“六一儿童节”“毕业典礼”为契机开展“书香之家”评选活动。

4.缤纷义卖，与“阅”同行

物不闲置，为爱行动。在幼儿园举办的义卖集市活动中，参与的家庭纷纷将家中闲置的图书、玩具等带到义卖区，化身爱和友善的使者，无论是提供义卖品还是捐款换物，都可以在光荣榜上贴一朵小红花，用爱的光芒照亮美好的世界。

5.家园社联动，共享阅读之光

在“4·23”世界读书日，开启“书香润美德 家园促和谐”家园社三方联动活动，以书为引，帮助家长掌握家庭教育基本知识；与县图书馆协作，积极引导家庭参与到图书置换环保行动中，让闲置的图书循环流通，传达绿色生活理念；营造注重家庭、注重家教、注重家风的良好氛围。

现场采访纪要

问：参加这样的阅读活动，你们有什么收获？

家长：陪伴孩子阅读，是我们送给孩子最好的礼物。每一本书，都是一个世界，孩子在书中能遇见最好的自己。作为家长，在陪伴孩子阅读的路上，从阅读的“辅助者”变成了“参与者”“受益者”。可以说，亲子阅读让家长获得了另一种意义上的成长，为家庭注入了精神层面的力量。

孩子：在亲子共读时，能感受到爸爸妈妈的关爱和陪伴，内心充满了幸福，获得了一种安全感。在阅读的过程中，我学会了观察、聆听、思考、表达，培养了感恩、友善、积极、乐观、责任等品格，懂得了读好书、行远路的道理。

（冯　易）

第二节　兴趣培养

体育运动　强健体魄

○ “我运动　我健康”亲子活动

活动意义

在现代社会中，很多家长没有意识到运动对孩子健康成长的重要性。很多孩子缺少锻炼，体质较差，有些甚至影响到了心理健康。体育锻炼不仅是体能的锻炼、大脑的锻炼，更是意志力的锻炼。运动不但能给孩子带来健康的身体，而且能够让他们养成持之以恒的好习惯，培养自律，甚至克服某些不良行为，让他们更加开朗、活泼、乐观。

活动内容

让孩子参加长跑、短跑、跳高、跳远、铅球、立定跳远、仰卧起坐、羽毛球、跳绳等运动，促进孩子全身血液循环，促

进新陈代谢，促进生长发育，促使身体更结实、匀称、有力。

现场采访纪要

问：老师，你认为体育运动对孩子有哪些影响？

老师：我认为体育锻炼可以让孩子有更多亲近自然的机会，增强体质，预防疾病和近视，促进智能发展，塑造性格。通过体育锻炼，孩子更加开朗、活泼、勇敢、顽强。一些集体项目还能培养孩子的团队精神、规则意识、竞争意识和交际能力。

问：你的孩子参加体育锻炼后有哪些变化？

家长：孩子胃口变好了，面色红润了，抵抗力增强了，很少生病。孩子行动力也变强了，做事更自信了。

问：同学，你喜欢运动吗？为什么？

学生：我非常喜欢体育运动，尤其是打篮球。我运动时觉得很放松，心情很愉快。特别是投了三分球后，我感到格外骄傲和自豪，觉得自己好帅哦。

（田　霞　姚星宇）

○ “绳”采飞扬　以运动育人

活动意义

注重体育教育的创新与实践，注重跳绳运动在培养学生团队协作能力，提升身体素质以及意志品质方面的作用，达到以运动育人的目的。

活动内容

学校开设跳绳社团和组建校园跳绳队，利用课余时间对有兴趣的学生进行跳绳基础技能训练。通过教授手型、脚型等基本动作，让学生逐渐掌握跳绳运动的基本技巧。鼓励家长在家里支持孩子跳绳。

学校定期组织运动会、班级跳绳比赛等活动，并邀请家长

出席，组建啦啦队。在比赛中，学生不仅能够锻炼身体，还能培养团队协作精神和竞争意识。

学校通过音乐课间操、跳绳运动知识讲座等活动，加强学生对跳绳运动的理解和认识，同时鼓励学生积极参与跳绳活动，培养他们的兴趣爱好和特长。

现场采访纪要

问：这个活动有什么好处？

教师：学生在参与跳绳运动的过程中，体会到了更加丰富多彩的世界。这个活动还满足了学生多样化的学习需求和发展需求，为体育教育的发展提供了有力的保障。

家长A：孩子的团队协作能力得到增强。跳绳运动不仅是一项需要个人技能的运动，而且是一项需要团队协作精神的运动。通过训练和比赛，孩子学会了如何与队友沟通、协作，共同完成任务。孩子的团队协作能力得到了明显的提高。

家长 B：孩子身体素质和意志品质得到提升。跳绳运动对孩子的身体素质和意志品质有着积极的促进作用。通过锻炼，孩子的身体素质得到了提升，坚忍不拔的品质也得到了发展。

（杨 欢）

“千里之行始于足下”校园足球联赛

活动意义

开展校园足球联赛的目的是让学生在绿茵场上肆意挥洒汗水，丰富学生的课余生活，培养学生的团队协作精神，让他们在足球比赛中感受足球带来的魅力和快乐，从而拥有健康的身

体和心理。举办校园足球联赛不但可以给学生一个展示自我的平台，让学生越来越自信和阳光，还能增强班级凝聚力。

活动内容

1.开展“千里之行始于足下”足球训练活动

主要利用体育课进行训练。每次体育课训练以传接球和运球为主。课前 8 分钟用来热身。传接球训练以脚内侧传接球和行进间脚内侧传接球为主。每节课的最后 10 分钟一般用来比赛，这样可以检验孩子的学习效果，也方便教师对教学内容进行调整。

有学生会跟着社团进行足球训练。有学生会在放学后约上几个同学在足球场踢球。

2.开展“千里之行始于足下”校园足球联赛

每个班出 5 名上场队员、5 名替补队员，每个班选一个代表参与抽签。活动时间是每天放学后半小时。学校两个场地同时举行比赛，每天有一年级的一个班当啦啦队。他们既能为赛场上的大哥哥大姐姐加油助威，又能感受体育的魅力。家长也可以实时加入啦啦队。最后，每个年级评选出前三名，每周的升旗仪式上，学校领导为获奖的班级颁发奖杯和奖牌。

3.生命不息，运动不止

有很多学生把足球当作自己的伙伴，足球能够带给他们一个快乐、幸福的童年。校园足球联赛活动结束后，很多学生会继续自觉地参与到足球训练和比赛中。这也许就是本次活动最大的成功和体育的魅力所在！

现场采访纪要

问：你在这些活动中有什么收获？

小陈同学：最大的收获就是我越来越自信了！比赛的时候，全班同学都会为我们加油助威。每次听到他们的声音，我就告诉自己，要尽自己最大的努力去赢得比赛。最后，我们球队取得不错的成绩！只要坚持下去就会有收获，我也是一个优秀的孩子。

家长：看到孩子在足球场上那么开心，我觉得自己一天的疲惫都消失了。孩子在足球方面很有天赋，只要孩子喜欢足球，我就会支持孩子踢下去。

老师：在本次活动中，孩子们找到了自己的那道光，我很开心。希望孩子们可以不忘初心，一直努力下去。

（林兆华　陶　霖）

○ “幼”遇运动 家园共育

活动意义

《幼儿园教育指导纲要（试行）》指出，幼儿园应坚持“健康第一”的理念，全面加强和改进新时代幼儿园体育工作。幼儿期是培养孩子终身健康行为习惯的重要时期。0 ~ 6 岁是儿童发展基本动作及运动能力的黄金时期，跑、跳、投掷、平衡、支撑、攀爬等能力均在这一阶段快速发展。其中，3 ~ 6 岁对于体育运动基础动作的发展尤为关键。

活动内容

1.早操

它是幼儿一日生活最重要的部分，是锻炼幼儿身体各部分动作的重要措施。教师可根据幼儿的动作发展特点，因地制宜、因人而异地创编各种幼儿操，促进幼儿身心发展。

2.户外活动

孩子可以通过完成各种游戏达到体育训练的目的。比如，玩呼啦圈、障碍跑、过独木桥等，可以培养团队合作精神，训练四肢协调能力，促进血液循环，增强心肺功能，有助于骨骼生长发育，更能提高肌肉的灵活性和耐力。

3.运动会

孩子乐于参加个人和团队竞技游戏。在运动会中，孩子可以学会竞争、合作、尊重，习得团队精神，培养独立和自理能力，增强责任感和集体荣誉感。运动还可以促进幼儿新陈代谢，增强机体免疫力，降低生病的风险。

家长在接送孩子的过程中可以了解孩子的情况，当好孩子运动的支持者，也可以适当参与其中。

现场采访纪要

问：对于日常开展幼儿体育运动，你有什么看法？

教师：幼儿体育活动对于幼儿身心发展具有不可替代的作用。因此，我们应该重视幼儿体育活动的组织和实施，为幼儿提供丰富多样的体育活动，让他们在快乐中成长。幼儿体育锻炼相对于其他阶段的体育锻炼，更加需要专业支撑。

问：你平时在家怎样引导幼儿参加体育运动？

家长：我为孩子设置了固定的户外活动，如早晚散步、玩耍，以确保孩子每天户外活动的时间。我还在家中设置了安全、有趣的运动区域，购置了软垫、小型蹦床、滑梯等。周末的时候，我会利用户外空间，如公园、小区绿地等，带孩子进行游戏和运动。我有空时也会与孩子一起参与各种运动游戏，如球类、跳绳、捉迷藏等。作为家长，更要保持健康的生活方式，积极参与体育锻炼，为孩子树立榜样。

问：说说你喜欢的体育运动。

学生 A：我喜欢体能循环活动，它有好多有趣的关卡等着我去闯，每次闯关成功后我都很开心。

学生 B：我喜欢体智能活动，每次老师都会带很多有趣的玩具让我们锻炼身体。

学生 C：我喜欢和我的好朋友一起玩滑梯，从上面滑下来时我们很开心。

（蔡　祥）

音乐爱好　陶冶情操

“乐动亲子心　欢乐家庭音”亲子活动

活动意义

孩子在音乐的海洋里徜徉，不仅可以培养一项兴趣爱好，还可以获得丰富的情感体验。根据相关研究，那些较早接触音乐的孩子拥有较高的智商，大脑发育也更为快速。

活动内容

1.为孩子营造音乐氛围

家长和教师可以根据孩子的年龄，为孩子提供适宜的音乐，为孩子营造听音乐的氛围。可以常为孩子唱一些耳熟能详的歌曲，有意识地引导孩子观看音乐类节目，如果条件允许，可以带孩子听音乐会。

2.将音乐融入孩子的游戏中

孩子的兴趣多来源于游戏，学校可以将音乐融入孩子的日常游戏中，让孩子在欢快的氛围中感受音乐的美好。

3.让孩子主动参与音乐活动

可以让孩子直接参与表演，熟悉各种音乐的表现手段。孩子在参与中不仅可以获得积极体验，还可以获得丰富的乐感以及多种多样的音乐技能。

现场采访纪要

问：你们喜欢唱歌吗？喜欢音乐课吗？

学生 1：我特别喜欢唱歌，我唱歌时觉得特别轻松，全身都有使不完的劲。

学生 2：我喜欢音乐课。音乐课上老师不但教我们唱歌、欣赏音乐，而且还会教我们认识乐器，教我们跳舞。

学生 3：我心情不好的时候，就喜欢唱歌、听音乐，烦恼一下就没有了。

（田　霞　姚星宇）

热爱音乐　陶冶情操

活动意义

在现代社会，家庭音乐教育的重要性更加凸显。为了培养孩子良好的音乐兴趣和音乐创造力，增强家庭成员之间的亲密关系和合作意识，提升孩子的自信心和团队合作精神，我校以音乐为主题大力开展家教现场活动，进一步推进家校合作，形成了良好的教育氛围。

活动内容

2024 年六一儿童节来临之际，我校老师来到学生家里，参加了一场别开生面的家庭音乐会。在学生家里，爸爸进行吉他独奏，孩子和妈妈轻声伴唱。

现场采访纪要

问：你觉得这类活动有意义吗？

教师：此次家庭音乐会，增进了学生对音乐的理解，丰富了学生的精神世界。学生积极展示自己的才艺，提高了自信心。家长鼓励孩子并主动参与，促进了家庭成员之间的情感交流。他们通过音乐的力量，感受彼此之间的关爱和支持。在活动中，我们作为老师，感受到家校合作的重要性，深刻领会到音乐教育就是一座桥梁。

问：在今天的家庭音乐会中，你有什么收获？

孩子：感谢爸爸妈妈的配合，我真实地感受到了父母的支持、尊重和爱心。

家长：和孩子一起举办音乐活动，能够更好地融入孩子的世界，增加亲子互动的频率，也能让孩子与父母更加亲近，感受到快乐和睦的家庭气氛。我们希望加强与学校的联系，提高孩子的音乐素养和全面发展能力。

（陈小兵）

以美育美　美美与共

活动意义

小学阶段开展美育十分重要，因为美育能帮助学生感受美、欣赏美，提高审美能力；能通过艺术活动培养学生的合作能力，激发学生的想象力和创新思维；能指导学生展现独特的自我，了解和传承中华民族优秀文化；能帮助学生缓解压力，增强心理调适能力。

活动内容

1.课堂创作

通过有趣的音乐游戏和简单的乐器演奏，让学生体验音乐的乐趣。在课堂上，老师会让学生分组创作音乐作品。有个小组创作了一首简单的歌曲。在这个过程中，学生不仅学会了如何与同伴合作，还培养了自己的创造力和表达能力。父母看到孩子健康有益的爱好，也非常支持。

2.课后延展

小欣是一名小学四年级学生。她平时性格内向，喜欢音乐，但不敢大胆表达自己的想法，上课时从不敢举手发言。在一次音乐课上，老师播放了一首富有活力的歌曲，并留了课堂作业。小欣被欢快的歌曲吸引，练习得很认真，完成得非常棒，但她还是不敢当众展示。后来在老师的鼓励下，她参加了很多比赛，从学校到县级，再到市级比赛，取得了不少好成绩。

现场采访纪要

问：这些教育方式的作用是什么？

教师：一是丰富教学方式与内容。这样的教育方式，如音乐游戏、讲故事等，可以让学习变得轻松愉快，可以丰富学习内容。二是可以提供多样化的音乐体验。介绍不同类型的音乐，可以拓宽孩子的音乐视野，还可以将音乐融入日常生活，如起床歌、睡前音乐等。三是可以给孩子鼓励。为孩子提供展示机会，可以增强孩子的自信心和表演欲望，激发孩子的创造力，如创作简单的音乐作品。要及时给予反馈和鼓励，促进孩子不断进步。

（冉　苒　严　进）

绘就艺术　感知生活

“艺韵亲子情　画笔绘真心”艺术熏陶行动

活动意义

绘画是一种复杂的精神活动，是儿童最直接、最自由、最便捷的情绪表达方式。他们通过绘画，可以充分表达自己的内心情感和对外部世界的感受。孩子在画画时，本身就是在创作，他们会观察环境，充分想象，大胆表现，最终将所思所想通过绘画表现出来。

活动内容

1.乐享艺术，亲子现场体验

利用菜花节、桃花节、登高节等节日庆典活动，开展亲子户外写生活动，促进孩子感知自然的能力。家长可以引导孩子积极探索，发挥想象力、创造力，创作自己的作品。

2.乐享生活，亲子手工活动

结合村（社区）假日主题活动，组织孩子在志愿者或家长的指导、陪伴下创作手工画、张贴画等。

现场采访纪要

问：小朋友，你会画画吗？

小朋友：会。

问：你觉得画画有什么好处？

小朋友：我会画画，我想画什么就画什么。我想表达什么，就可以通过画画来表达。比如，我想向爸爸妈妈、爷爷奶奶表达对他们的爱或我们一家人相亲相爱，我就可以画出来。

问：家长朋友，你觉得孩子学画画有什么好处？

家长：我觉得学画画可以培养孩子丰富的想象力，可以培养孩子的专注力，还可以提高孩子的审美能力。

（田　霞　姚星宇）

○ 家校携手促成长　巧手剪纸迎春节

活动意义

剪纸是我国最具民族特色的传统艺术形式之一。一张普通的纸，在民间艺人的剪刀之下，几经翻转，顷刻间就可以变成惟妙惟肖的艺术形象。剪纸以其独特的表现力，在民族艺术史上谱写着无声的乐章。剪纸是一种综合的艺术活动，对孩子创造力的发展、观察能力的培养、智力的提升等都很有帮助。

活动内容

在辞旧迎新之际，为弘扬传统文化，开展家校剪纸贴窗花活动。老师到学生家里，与学生、家长一起营造浓浓的新春氛围。老师适时给孩子介绍剪纸的相关知识，从剪纸的起源讲到剪纸艺术的历史演变，再讲到剪纸艺术在现代生活中的运用，让孩子对剪纸逐渐产生兴趣。孩子在实践中，可以潜移默化地感受中国传统艺术的魅力。

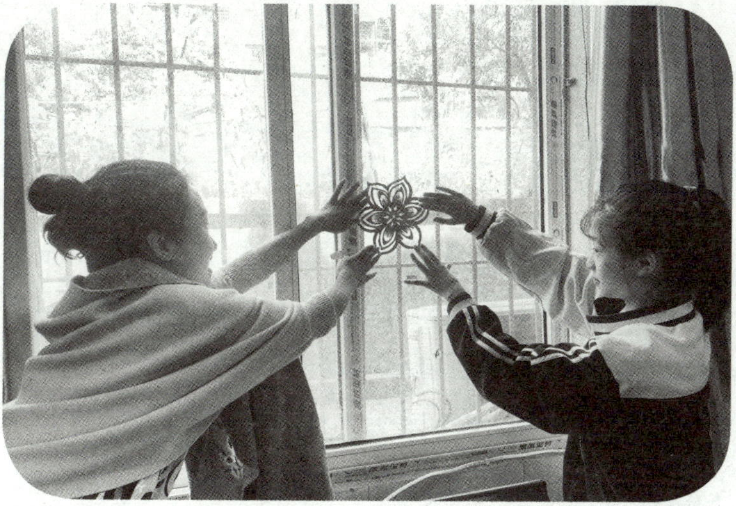

现场采访纪要

问：本次活动达到了什么目的？

教师：此次活动，不仅丰富了孩子的家庭文化生活，营造了浓厚的家庭新春氛围，培养了孩子健康的审美情趣和艺术修养，增进了亲子关系，还检阅了老师的美术教育成果，推进了学校的素质教育和学生的全面发展。通过这次活动，我们相信剪纸艺术将会得到更广泛的传播与传承。

家长：这样的活动非常有意义。亲子互动，让孩子和家长有了更多的思想交流。不仅孩子学到了知识，家长也了解了更多的中国传统文化。希望以后能有更多这样的活动。

（何　霖）

绘就艺术　感知生活

活动意义

每个孩子都是天生的艺术家，他们以纯正稚嫩的笔触，描绘自己眼中的美好世界。孩子能够以此激发内心的无限想象力，能够勇于尝试、大胆创新。绘画可以促进孩子的共情能力，培养孩子的艺术感知能力和创新意识，以及健康向上的审美趣味和审美格调。

活动内容

1.参观、体验与现场绘制

幼儿园组织开展亲子春游研学活动——“走进旷继勋公园”。此次参观革命烈士纪念馆，培养了孩子的爱国情怀，增进了亲子间的互动。亲子绘制纸鸢，加强了家校社的互相了解和交流，促进了孩子的健康成长。

2.绘画与品格玩创艺术周

“对于小朋友来说，什么是艺术周呢？”艺术是童年的梦，生活处处都有艺术，最具特点的就是绘画艺术。每学期的品格玩创艺术周可以给孩子带来别样的艺术体验，家长的参与可以增强孩子的获得感。

3.绘画与园所集市活动

绘画遇上集市，是一场美丽的邂逅。审美是一种教育！每个人都是自己生活的艺术家。漆画扇、扎染、为石膏娃娃填色、绘制玻璃杯、面部彩绘均可以让孩子感受不平常的艺术体验。

4.绘画与幼小衔接

幼儿在写写画画的过程中可以体验文字符号的功能，培养书写兴趣。可以鼓励幼儿用图画和符号表现事物或表达故事，借助绘画，增强书写能力和表达能力，为幼小衔接做准备。

现场采访纪要

问：本次活动的目的是什么？

教师：艺术来源于生活，生活就是最好的艺术题材，而绘画则是一种表达生活的艺术形式。通过绘画，孩子可以展示自己的发现、想象和创造。他们可以用缤纷的色彩，自信地描绘所有梦想、快乐和美丽。每一幅作品像一颗闪烁的珍珠，蕴藏着别样的童真和童趣，值得我们视若珍宝。此次活动可以让家长和孩子体验成功的喜悦，发现成长的轨迹，感受成长的力量。

家长：幼儿可通过绘画表达自我。孩子可以用一支笔、一张纸诉说自己的内心世界，记录想说的话、喜欢的事、对未来的向往。

（戴　莉）

○ “我与春天有个约‘绘’”主题活动

活动意义

春天是五彩斑斓的季节，大地从寒冬的熟睡中缓缓苏醒，花草树木争相绽放属于自己的色彩，而在孩子眼中，春天更是缤纷多彩。本次活动的目的是让孩子通过手中的画笔描绘春天的颜色，表达对春季的热爱，激发感受美、发现美、创造美的情感，进而萌发爱护自然、保护自然的意识。

活动内容

1.“寻找春天的色彩”分享会

开展户外绘画课堂，带领孩子走出教室，融入大自然，寻找春天的色彩，感受春天的魅力。

2.开展“我与春天有个约‘绘’”主题活动

以讲故事的形式将孩子带入约“绘”中，通过数字来表现各种春天的事物，例如，用数字0、1绘制花朵，用数字2、3、4、5、6……绘制各种小动物，等等。这可以促进孩子的思维能力和想象能力。本次活动以春季作为切入点，带领孩子走进大自然，感受大自然。这样的活动不仅可以激发孩子发现美、感受美、创造美的情感，还可以在潜移默化中增强孩子爱护大自然、保护大自然的意识。

现场采访纪要

问：你绘制了一个怎样的故事？

学生A：我绘制了一个小狐狸在春天把它储存的食物拿出来请其他小动物来做客的场景，比如小刺猬、小兔子、大老虎等。我还绘制了许多漂亮的花朵，它们经历了寒冷的冬天，终于可以在春天尽情开放，它们非常开心。

学生B：我绘制了一个花儿比美的场景。春天有各种各样的花朵，它们五颜六色，各有各的美。它们组织了一场比赛，想比一比谁的色彩最美。

问：你们在此次活动中有什么收获？

家长：本次绘画活动形式非常好，让孩子从教室走进大自然，使孩子更加贴近自然，在学习中感受世界的美好，同时还可拓展孩子的想象力和思维能力。

老师：每个孩子都是天生的艺术家，这次活动让家长、学生、老师都收获满满。这也是家校共育的一种体现，可在潜移默化中增强孩子的表达能力，培养他们的审美意识。

（王　倩）

第三节　珍爱生命

防溺水

“守护生命·杜绝溺水”主题活动

活动意义

开展防溺水主题活动的目的是帮助学生掌握基本的防溺水知识、树立安全意识、提高自救自护能力、强化生活中违反安全原则行为的辨别能力，加强家长的监管监督，全面推动安全教育工作，从而杜绝学生溺水伤亡事故的发生。

活动内容

1.开展“溪畔成长·生命之盾”防侵害防溺水专题讲座

老师运用多媒体课件深入浅出地讲解如何识别危险区域、如何预防溺水、如何科学施救、如何自救等相关知识，着重强调防溺水的重要性。一个个警示案例，加深了学生对防溺水知识的了解，提高了学生的自救和施救能力，增强了学生防溺水的安全意识。

2.开展“溪畔成长·生命之盾”防溺水标志设计活动

以家庭为单位设计“防溺水”标志，不但培养了学生的审美、创作能力，还切实增强了学生的防溺水意识，提高了学生的防溺水能力。由此，“珍爱生命，预防溺水”的理念进一步强化。

3.开展“溪畔成长·生命之盾”防溺水体验教育活动

活动分为“情景模拟溺水施救”“水盆闭气溺水体验”和“互动教育”三个环节，每个环节都紧密围绕防溺水主题展开。在“情景模拟溺水施救”环节，相关专业志愿者通过模拟错误的救人方式和正确的救人方法，让学生学习正确的救援方式。在“模拟溺水者昏迷不醒”的情景中，校医现场演示了急救方法，包括清除口鼻杂物、控水、人工呼吸、胸外心脏按压等，使孩子们直观地了解了急救过程，提高了远离危险水域的安全意识。在“互动教育”环节，通过互相问答的方式，孩子们巩固了所学的防溺水知识。最后，老师们再次强调溺水的危险性，并提醒孩子们在日常生活中要远离危险水域，确保自己的生命安全。

4.开展“溪畔成长·生命之盾”家校合作活动

家庭和学校在教养目标和责任上共同影响着孩子，家庭、学校应密切合作，培养孩子的安全意识。老师们围绕“防溺水”组织召开家长会，通过讲座、视频给家长敲响警钟，提高了家长的相关教育意识，并督促家长履行监护职责。

现场采访纪要

问：你们在这些活动中有什么收获？

学生：通过参与这样的活动，我知道了不能私自下水游泳，不能到无安全措施、无救护人员的水域游泳。生命只有一次，我要保护好自己。

家长：一个个警示视频，让我内心深受触动。一定要加强相关教育！同时，我也呼吁各位家长为了孩子健康、安全成长，一定要担负起监督、教育的责任。孩子外出玩耍时，家长一定要知去向、知同伴、知内容、知归时。防溺水教育非常有必要。

老师：防溺水教育不是哪一方的责任，需要学校、教师、家长、孩子共同参与。家校同心共筑屏障，让防溺水教育深入人心，才能为孩子的生命安全构筑坚实防线。

（万建芬）

“预防溺水　护航成长”志愿服务主题活动

活动意义

开展“预防溺水　护航成长”活动的目的是切实强化未成年人防溺水安全工作，全面提升青少年的安全防范意识，为青少年的安全成长保驾护航。通过本次活动，学生可以系统地了解预防溺水的有效方法、遇险时的自救技巧，以及针对溺水者的正确急救措施。通过本次活动，还可以巧妙地将急救知识转化为青少年易于理解和记忆的技能，激发青少年对生命安全知识的浓厚兴趣。因此，本活动是一次集理论和实操于一体的非常有意义的志愿活动，既增强了学生的预防溺水安全意识，也夯实了学生的应急应险能力，潜移默化地提升了学生的综合素养。

活动内容

1.“预防溺水　护航成长”主题宣讲活动

针对家长、孩子进行防溺水主题宣讲活动，发放防溺水宣传资料，让大家深刻认识到防溺水的重要性，掌握必要的安全知识和技能，提升自我保护意识和能力。

2.应急救护普及培训以及实操演练

通过生动有趣的讲解和示范，为教师、家长、孩子展示遇险自救技巧，以及针对溺水者的正确急救措施。通过“理论 + 实操”的方式，针对心搏骤停、气道梗阻、溺水等突发危机，进行应急救护培训以及实操演练，引导孩子学习自我保护技能，为他们的安全成长提供保障。

3.开展“预防溺水”主题班会

开展预防溺水主题班会，进一步巩固“预防溺水　护航成长”活动所取得的成果。在主题班会上，学生通过听广播讲座和沉浸式闭气体验，亲身体会溺水的感受，巩固防溺水相关安全知识。

现场采访纪要

问：大家参加本次防溺水主题活动有什么收获?

学生：通过参与这样的活动，我受益匪浅，大大增强了防溺水安全意识和自我保护意识。在本次活动中，我学会了较为全面、专业的自我防护和自救技能，这为我的成长之路提供了强有力的安全保障!

老师：县相关单位和我校联合开展“预防溺水　护航成长”系列活动，站在统筹规划、全面深入的高度，为青少年树立防溺水安全意识、增强防溺水自我保护能力提供扎实的理论保障和有用的技能储备。

家长：非常感谢学校举办本次活动，活动在我们家长中引起强烈反响。孩子回到家中，迫不及待地跟我们分享防溺水相关知识和急救自救技能，这让我们家长心中增添了一份安全感。

（黄　丹）

防侵害

“防侵害之盾　护生命之花”安全教育活动

活动意义

在校园内外，校园欺凌、性侵害、诈骗等事件时常发生。我们需要科学认识校园侵害行为，预防校园侵害，时刻提高警惕，筑牢思想防线，落实防范措施，尽早发现苗头并及时解决问题。开展校园防侵害活动，有利于从校家社合作层面落实防范意识，把握孩子日常生活动态，关注心理健康，杜绝校园侵害，让孩子健康快乐地成长。

活动内容

开展专题讲座，让家长和孩子认识到哪些是校园侵害行为，遇到这些侵害时该如何应对。另外，单独给女生授课，告诉她们该怎样自爱，遇到不法侵害时如何保护自己。

现场采访纪要

问：同学们，你们听了“校园防侵害讲座”有什么感想？

学生 1：听了讲座，我知道了哪些是校园侵害行为。我认识到，要树立良好的道德观念，提高自我保护意识，遇到事情要及时求助家长和老师，遇到突发事件要灵活变通，必要时要寻找机会报警，在确保自身安全的前提下对他人实施救助，要有见义勇为、见义巧为的意识。

学生 2：通过听课，我进一步明白了要自尊、自爱，不能随便让别人触碰我们的身体，要远离不良诱惑，不要单独外出，不要到太偏僻的地方，要增强自我保护意识。

学生 3：我懂得了要加强法律意识和法治观念，树立正确的是非观念，严格要求自己。防止欺凌，从我做起。我们既要以法律来规范自己的行为，也要以法律来保护自己。

（姚星宇　田　霞）

预防校园欺凌活动

活动意义

有效预防校园欺凌事件，维护和确保学校的稳定和发展，保障教育教学工作正常运行，守护孩子健康成长。

活动内容

1.开展法治主题教育活动

学校法治副校长每学期开设不少于两次法治教育课。新生入学及每学期开学时，亲子集中学习法治知识，其中要有防校园欺凌的内容。

2.开展应急演练活动

模拟各种突发事件，让学生充分了解校园侵害及其危害，学习如何应对和预防校园侵害，了解实施校园侵害需要承担的法律责任，从而自觉远离校园侵害。

现场采访纪要

问：各位家长朋友，各位同学，你们参加这个活动后有什么感想？

学生：学校通过安全课、思政课、主题班会、法治讲座、实地参访等形式，开展文明礼仪教育、行为规范教育、法治教育，教我们掌握应对校园欺凌的策略，提升防欺凌的勇气，培养法治意识、向善意识和担当精神。

家长：有些孩子的某些表现其实正游走在暴力边缘，离文明越来越远！他们遗忘太多，忘了自己的身份，忘了他们的父母，忘了学校的规章制度！没有和谐校园，就没有安宁的学习环境。没有校园和谐，就没有社会的和谐。

老师：校园是培养人的地方，是文明的殿堂。校园本该是一方净土，然而近年来不少学校发生暴力事件。很多同学出口成“脏”、恶语伤人，有些同学横行霸道，喜欢用暴力解决问题，欺负弱小，甚至打群架。这些现象给宁静的校园蒙上了一层阴影。学校以多种形式开展防欺凌教育活动，让学生、家长和老师都受益匪浅，形成了家校共育的共同体，让我们领悟了“为了孩子的明天，家校共育”的深刻含义。

（陈　燕）

预防校园欺凌，争做平安校园的守护者

活动意义

健全校家社合力育人机制，提高家长和孩子的遵纪守法意识，让学生成为预防校园欺凌、构建平安校园的积极参与者，提升家庭的教育能力，营造文明、平安、和谐的育人环境。

活动内容

邀请司法系统专业人员走进各班级，开展“法治大讲堂进校园　万名亲子普法巡讲”活动。

结合孩子身心特点，以案释法，以法论事，深入浅出讲解法条。通过师生互动、生生合作，对校园欺凌的危害、校园欺凌产生的原因进行探究，探寻防范欺凌的策略和妙招，教会学生遭遇欺凌时科学自救，帮助学生初步树立自我保护意识。

现场采访纪要

问：参加本次防欺凌活动后，你们有什么感想或收获？

学生：我一定不做欺凌的受害者、施暴者、旁观者。希望大家携手防范校园欺凌，共同将校园建设成我们学习的净土，拥抱美好的青春。

老师：此次专题讲座的开展，使学生学会了更好地保护自己，自觉远离校园欺凌。作为老师，此后我也将继续配合学校，高度重视思想道德建设，扎实开展法治和安全教育活动，为学生健康成长保驾护航，打造平安和谐的校园环境。

家长：“预防校园欺凌　构建平安校园”活动开展得非常好。作为家长，我非常感谢学校能够在孩子健康成长的道路上多方位地为他们保驾护航。同时，这样的活动调动了我们家长的积极性，在家校共育的道路上，我也会配合学校，积极地引导我的孩子不做欺凌的受害者、施暴者、旁观者。

（刘　艳）

防毒品

开展禁毒主题教育活动

活动意义

毒品预防教育工作是禁毒工作的基础工程，重在引导家庭成员认清毒品的危害，进一步增强防毒、拒毒意识，确保“家庭不涉毒、校园无毒品”。

活动内容

1.展陈宣传

支持和鼓励孩子参与学校宣传栏、黑板报的设计与制作，让孩子增强禁毒工作的主人翁意识。同时，加大宣传力度，营造浓厚的禁毒氛围。

2.现场参观

引导孩子参观学校禁毒场馆。这可以让学生深刻感受毒品给社会带来的巨大影响，给社会造成的极大危害。

3.社会实践

开展以“拒绝毒品　从我做起”为主题的社会实践活动，以多样的形式述说毒品危害，并实时开展禁毒宣誓，增强孩子以及家长的防毒警醒性。

现场采访纪要

问：各位家长和同学，你们参加禁毒宣传活动后有什么感悟？

学生：青少年一定要洁身自好，树立正确的人生观，追求健康的生活，识破毒品诱惑，坚决抵制毒品；要慎重交友，不能意气用事，发现朋友吸毒要及时劝阻甚至远离；要多参加禁毒活动，深入认识毒品的危害性，增强防毒意识和拒毒信心。

家长：活动将禁毒教育与学生日常行为规范结合起来，与学校法治教育结合起来，可培养青少年良好的道德观，可让我们以更好的方式教育孩子。

教师：毒品，是每个人都不能靠近的东西，一旦靠近它，对它上瘾，就会坠入深渊，万劫不复。

（蒋　华）

守护青春不“毒”行　共筑青春“防毒墙”

活动意义

以“健康生活　远离毒品”为主题，开展“守护青春不‘毒’行　共筑青春‘防毒墙’”系列活动，旨在通过多样化的活动形式，让学生深刻理解毒品的危害，自觉抵制毒品的诱惑，进一步提高识毒、防毒、拒毒意识和能力，切实发挥学校毒品预防教育的社会辐射作用。

活动内容

1.开展禁毒征文比赛活动

围绕禁毒主题，以家庭为单位开展征文比赛活动。通过文字的力量，引导孩子拒绝毒品、珍爱生命。

2.开展禁毒手抄报比赛活动

在禁毒手抄报比赛中，让孩子精心设计各种图文并茂的手抄报作品，以直观生动的图画和简洁有力的文字，普及禁毒知识，强化禁毒理念。

3.召开禁毒主题班会

组织开展禁毒主题班会，老师和学生共同探讨毒品的危害，分享预防毒品侵害的方法，增强抵制毒品的决心。

4.开展户外禁毒宣传活动

通过悬挂横幅、发放宣传资料等形式，开展禁毒知识普及活动，倡导健康无毒的生活态度，营造浓厚的禁毒氛围。

现场采访纪要

问：学校开展了禁毒宣传教育，你们有什么感想？

学生：学校组织了一系列丰富多彩的活动，让我们从多方面、多层次深刻理解了毒品的危害。在活动中，我们的识毒、防毒、拒毒意识和能力得到了提高。我和身边的同学通过本系列活动夯实了自觉抵制毒品的意识和能力。

老师：在孩子成长道路上，我校会把禁毒教育作为常规安全、法治教育长期开展下去。针对本次以“健康生活　远离毒品”为主题的活动，我校打出了一套禁毒组合拳，活动形式多样，内容丰富，时间充分。本次活动对持续推进“和谐无毒”校园建设，以及学生的健康成长产生了深远影响。

（黄　丹）

○ “健康人生　绿色无毒”主题教育活动

活动意义

青少年是我们民族的未来和希望，他们正处于身心发育的关键时期，对外界信息和诱惑比较好奇，但又缺乏足够的判断力和自控力，容易受到毒品的侵害。因此，加强针对青少年的禁毒教育，提高他们的识毒、防毒、拒毒意识和能力，是预防和减少毒品危害的重要措施。必须全面培养青少年，让他们形成“珍爱生命　远离毒品”“健康人生　绿色无毒”的观念。

活动内容

1.专题讲座

学校邀请县禁毒大队工作人员，开展禁毒知识讲座。

2.影视宣传

组织学生观看禁毒题材的电影。

3.知识竞赛

每学期以“禁毒知识我知晓”为主题开展知识竞赛活动。

现场采访纪要

问：大家参加了学校的禁毒教育宣传活动，有什么启发？

学生：这些活动不仅让我们知道毒品的危害，而且让我们懂得更多的防毒、禁毒知识，让我们更加珍爱生命。

老师：一系列禁毒活动让孩子接受了课堂以外的教育，有益于孩子身心健康，同时增强了孩子自我保护的能力。

家长：学校专门组织禁毒教育活动，普及禁毒知识，不仅让学生受教，也让我们家长受益匪浅。

（严建春）

第四章

成功家教案例分享

家庭教育是一场爱与责任的修行。在智慧家教的路上，让我们用满满的爱去浇灌、用智慧的光芒去引导，让我们陪伴孩子走过每一个成长阶段，书写属于他们的未来。我们只有不断地学习，才能更好地适应孩子的成长需求，才能真正成为孩子生命中最美的智慧陪伴者。

第一节　家长说家教

优良家风　智慧家教　助力成才

我是两个孩子的妈妈，儿子今年 11 岁，读四年级，女儿 3 岁。孩子他爸在外地工作，平时我在家照看俩孩子。除了日常生活，督促孩子学习和学前教育也是我的主要工作。

作为一个全职妈妈，我得撕掉曾经工作时的标签。在孩子面前，我不能用以往对待工作的方法对待他们，如今只能是孩子妈妈的角色。在此，非常荣幸能分享一些关于我们家的故事。

在家庭教育中，每个人都是独立的个体，都存在独特的价值。非常感谢我先生的支持和孩子的配合。虽然我先生平时很少在家，但他的付出是极为可贵的，在孩子的成长过程中，他也是很用心的。

今年，儿子参加青少年国学大会的比赛，其中有一个环节是家长给孩子写一封家书。当时，我先生在青海，晚上下班后得知此事，他奋笔疾书，凌晨就把书信写好发给了我。第二天一大早，我把家书读给儿子听。儿子听后极为兴奋，他说想不到平时不善言辞的爸爸竟有如此文采，让他备受激励。后来，那封家书被评为优秀家书，儿子在比赛中也超常发挥，顺利晋级。从此以后，儿子对他爸爸多了一份敬畏。

虽然我先生在家陪伴孩子的时间不多，但他总会抽出时间跟孩子打视频电话，沟通生活和学习上的事，偶尔还会提出一些奖励机制，并送他们一些小礼物。孩子特别享受这样的方式。

相比而言，我对待孩子严格一些，有时会特意设置一些惩罚，这用儿子常说的话就是："老师跟我们讲过，这是爱的教育。"

两个孩子平时在家难免会发生一些吵闹和争执，我一般选择睁一只眼闭一只眼。他们不能和平解决，需要我来协调的时候，我会让他俩先反思 10 分钟。等他们心里平复了一些，我会让他们讲清楚事情的缘由。妹妹无理取闹占多数，当然哥哥故意招惹也不少。然后，我会给他们分析总结，让哥哥学会忍让和爱护妹妹，让妹妹听哥哥的话，他们如果不团结都会受到惩罚。总之，我会让他们意识到，在这样的事情发生时，我不可能成为他们任何一方的朋友，所以他们不用费尽心思来讨好我，他们只需做好自己就可以了。

当然，孩子并不希望他们的妈妈总是很严厉，他们更喜欢友好地与我相处，也愿意与我分享他们所知晓的一些趣事和小秘密。尤其是儿子，他比较关注体育和科技方面的新闻，从电视或报刊上了解到一些新奇的事情，总会忍不住跑到我跟前来分享。我也会充满好奇，借机向他发出我心中的疑问，鼓励他去做更深的探索。我们习惯利用零碎时间闲聊日常生活中的琐事。通过这些闲聊，我们可以共享彼此的喜怒哀乐，释放心中的不良情绪。

我们无须在孩子的学习上亲力亲为，但在他需要我们的时候应及时给予陪伴和支持，认可他的梦想与努力，鼓励他积极进取，参加各种活动。当孩子遇到困难或失败时，应与他站在一条战线上，共同面对，感受“失败是常态，成功非必然，唯有全力以赴，才能不留遗憾”。

随着孩子的成长，我发现自己也越来越热爱生活。孩子心中那未知的世界很神奇，我颇为有幸能与他们一起共赴这奇妙之旅。

（李海军　陈露清）

家教——为孩子的成长奠定基石

在孩子的成长过程中，家庭教育起着至关重要的作用。作为家长，我们肩负着培养孩子品德、塑造孩子性格、引导孩子发展的重任。在这篇文章中，我将分享一些我在家庭教育中的经验和感悟，希望能给其他家长带来一些启示。

以身作则，传递正能量，培养好品德

品德是孩子成长的根基，也是他们未来在社会中立足的重要保障。我们深知，孩子的模仿能力极强，他们会观察我们的言行举止，并在潜移默化中受到影响。

有一次，我带着孩子在公园里玩耍，看到地上有垃圾，我自然而然地弯腰捡起，并扔进了垃圾桶。孩子看到我的举动，也跟着捡起了附近的垃圾。从那以后，他养成了爱护环境的好习惯，看到垃圾都会主动捡起来。这件事情让我深刻体会到，家长的言传身教是多么重要。

营造和谐家庭氛围，让孩子感受到温暖

每天晚上，我们都会选择孩子喜欢的方式一起做亲子游戏，让孩子在游戏中体会快乐，增进和家人的感情。在这个过程中，孩子可以感受到家长的关爱和家庭的温暖。我们也会鼓励孩子表达自己的想法和意见，尊重他的选择，让他感受到自己是受重视和尊重的。

当孩子遇到困难和挫折时，我们会给予他鼓励和支持，帮助他克服困难。有一次，孩子参加捉迷藏比赛，输给其他小朋友了，非常失落。我们没有责备他，而是安慰他，鼓励他不要放弃，并帮他分析失败的原因。在我们的鼓励下，孩子重拾信心，最终在下一次比赛中获胜。

培养孩子的社交能力，让孩子学会与人相处

我会带孩子参加社区的活动，让他结识不同年龄、不同背景的朋友。在活动中，孩子学会了如何与他人合作、如何表达自己的想法和意见等。我们也会鼓励孩子邀请同学到家里来玩，让他在熟悉的环境中与朋友相处，增进彼此的友谊。

此外，我们还注重培养孩子的团队意识。在家庭中，我们会让孩子参与一些团队活动，比如一起做手工、一起玩游戏等，让他在团队合作中学会协作、学会分享。通过这些活动，孩子逐渐懂得了团队的力量，学会了如何与他人合作，为他今后融入社会打下了坚实的基础。

积极与老师沟通合作，形成合力，促进孩子成长

我们会定期与老师进行沟通交流，了解孩子的学习进展、行为表现等。同时，我们也会向老师反馈孩子在家的情况，让

老师全面了解孩子，更好地进行教育教学工作。在与老师沟通合作的过程中，我们可以形成教育合力，促进孩子成长。

我们还积极参与学校组织的各项活动，比如家长会、亲子活动等。通过这些活动，我们不仅能够了解学校的教育理念和教学方法，还能够与其他家长交流经验、互相学习。在这个过程中，我们更加坚定了家庭教育的重要性，也更加明确了自己的教育责任。

在陪伴孩子成长的过程中，我们难免遇到一些困惑和烦恼。但我们始终相信，只要保持积极的心态，不断学习和进步，就一定能够找到解决问题的方法。我们会与孩子一起成长、一起进步，共同迎接未来的挑战。

（张秀芳）

我与儿子共成长

我的儿子文晨旭毕业于蓬溪实验中学，考上了清华大学。之后，常有人向我探寻育儿秘诀。在此简要分享，权当抛砖引玉。

以阅读启迪儿子的求知之路

自儿子呱呱坠地至高中毕业，他始终伴我们左右。身为双职工，我们既要兼顾事业，又要亲自抚养孩子，其中艰辛难以言表。即便身心俱疲，我们在儿子婴幼儿期，一直坚持一人负责喂食，一人手捧书籍为他朗读。周末，我们常携孩子赴书店，与书做伴。我也常常利用外出时间，精心挑选书籍，作为礼物赠送给孩子。小学三年级左右，儿子已能自主阅读少儿读物，对《童话大王》每期必追。初中时，他钟情于《科幻杂志》。高中前，他已阅读完我为他买的所有经典图书。步入大学后，他更是阅读了《鲁迅全集》《尼采全集》《王小波全集》等巨著。

以运动引领儿子全面发展

在儿子成长过程中，我们不仅为他提供人文类书籍，还让他兼顾科学普及、数理化学习、健康引导等方面的阅读。小学时期，他已涉猎《数理化通俗演义》《小学作文攻略》《运动读本》等。为培养他的运动习惯，我常为他讲述相关名人故事。他初中阶段，我向他提及清华大学“为祖国健康工作五十年”的号召及清华大学对体育的重视，激励他重视体育锻炼。大学期间，他顺利跑完了北京国际马拉松全程。

在闲聊中引导儿子的人际交往

日常生活中，我时常与儿子谈心，教导他学会换位思考，在与人相处时推己及人，切勿自私自利。他考入清华后，我鼓励他多参与社会活动，广交朋友，希望他能找到一二知己，弥补身为独生子的遗憾。在校期间，他曾任班长、团支部书记、学生会外联部部长等职务，还在图书馆勤工俭学，参与了很多大型活动。

细心化解儿子成长路上的难题

初中时期，儿子曾一度沉迷于网络游戏，甚至夜不归宿。我意识到问题的严重性后，未直接禁止，以购买电脑并签订《上网协议》的方式加以引导。尽管儿子执行协议过程中偶有违约情况发生，但一切总体可控。儿子上高中时，面对他的早恋传闻，我通过书信与他沟通，并引用苏格拉底和柏拉图的爱情观，避免了直接对话的尴尬。

初入清华时，儿子感受到了前所未有的学习压力。我鼓励他树立信心，分析其他同学轻松应对学习的原因。在我的鼓励下，他刻苦努力，常常学习到深夜，终于在大一上学期期末迎来了转机——开始解答同学的疑问而非总是求助于人。最终，他以全年级前十的优异成绩完成了本科学业并荣获全额奖学金赴美深造。

（文　辉）

愿教育之旅温暖如阳光

在这个瞬息万变的时代，教育总是被赋予无尽的期望与沉重的压力。然而，作为一个陪伴孩子走过十二年成长历程的母亲，我更倾向于将教育视为一场温柔的旅行。这是一场关于塑造人格魅力、培养情商，以及实现德智体美劳全面发展的深度探索。在这段旅程中，我愿以满腔的热情和深深的爱意，陪伴孩子一步步前行。

○ 以阅读点亮心灵的灯塔

从孩子两岁那年，我便开始与他共读。那时的他，或许还不太懂那些文字背后的深意，但那些色彩斑斓的图画和温柔的故事无疑在他幼小的心灵种下了一颗颗神奇的种子。我们一起翻阅绘本，他指着图画，我用简单的语言为他描述那些奇妙的世界。渐渐地，他开始对故事中的情节产生兴趣，会主动问我“后来怎么样了”。就这样，阅读成了我们日常生活中不可或缺的一部分。随着时间的推移，他的阅读量逐渐增加，从简单的图画书到复杂的章回小说，从历史的长河到梦幻的宇宙，他都乐在其中。阅读不仅培养了他良好的学习习惯，更滋养了他的心灵。慢慢地，他学会了独立思考，对周围的世界有了更加宽广的视野和深刻的同理心。他会为书中人物的命运感慨，也会为作者的巧妙构思赞叹。英国作家毛姆曾说：“阅读是一座随身携带的小型避难所。”我希望，这份对知识的渴望与对书籍的热爱，成为孩子一生的避风港。

以坚持跨越挑战的桥梁

在学习钢琴的道路上，我们遇到了不少波折和挑战。有那么一段时间，重复练习让孩子感到枯燥乏味，甚至让他萌生了放弃的念头。作为母亲，我没有选择强迫他继续，而是坐下来与他进行了一次深入的交谈。我了解了他的烦扰和困惑，也告诉他坚持的重要性。我们一起制订了详细的练习计划，分解大目标，还设定了小奖励来激励他。每当他完成一个小目标时，我们都会一起庆祝他的进步。就这样，他逐渐找回了对钢琴的热爱和信心。最终，他不仅以优异的成绩完成了十级考试，更重要的是在这个过程中学会了坚持与不放弃，深刻体会到了努力的价值与意义。

以规划铺就成长的基石

在教育的规划上，我始终坚信“因材施教”的原则。我深知每个孩子都是独一无二的个体，有自己独特的兴趣和能力。因此，我根据孩子的兴趣与能力来制订学习计划，并适时进行调整。当他展现出对数学的兴趣时，我便鼓励他自学奥数，为他购买相关书籍和资料，还与他一起探讨数学的奥秘和乐趣。当英语成为他的强项时，我们便一起寻找更丰富的英语学习资源，如英文电影、音乐、书籍等，来拓宽他的国际视野和跨文化交流能力。重视文学与艺术的熏陶亦是我们家的教育传统。我们会带他参观博物馆、美术馆等文化场所，让他亲身感受艺术的魅力与无限可能。这样的规划既保证了他学习上的深度，也拓宽了广度，让他在全面发展的道路上稳步前行、不断成长。

教育之路，道阻且长，行则将至。愿所有父母都能成为孩子成长路上的明灯，照亮他们前行的方向。也愿所有孩子都能在爱与陪伴中健康成长，成就非凡。

（吴　倩）

我的育儿经验

在一个阳光明媚的周末，我儿子轩轩和女儿岚岚在客厅里玩耍。他们玩积木时，由于都想要同一块蓝色的积木，发生了争执。轩轩坚持认为那块积木是他先看到的，而岚岚哭着说那是她最喜欢的颜色。两人互不相让，争执声越来越大，吸引了我的注意。

我首先安抚岚岚的情绪，让她知道哭泣并不能解决问题。然后，我转向轩轩，告诉他，作为哥哥，应该学会谦让和分享。在我的引导下，轩轩开始反思自己的行为，他意识到自己的错误，没有考虑到妹妹的感受。岚岚也逐渐平静下来，她开始理解哥哥并不是故意抢她的积木。

接下来，我提议，他们可以一起用积木搭建一个漂亮的城堡。轩轩和岚岚都接受了这个建议，他们开始一起挑选积木、设计城堡的结构。在这个过程中，轩轩主动将那块蓝色的积木递给了岚岚，而岚岚也欣然接受并表达了感谢。

通过这次小冲突，轩轩和岚岚不仅学会了如何更好地处理争执，还增进了彼此之间的理解和信任。他们发现，通过沟通和合作，可以共同创造更美好的事物。我也深感欣慰，我知道这次经历对孩子的成长有积极影响。

作为家长，我们在面对孩子之间的冲突时，应该保持冷静和耐心，引导他们学会沟通和合作。同时，我们也应该关注孩子的内心变化，帮助他们建立正确的价值观和人生观。只有这样，我们才能真正成为孩子成长道路上的引路人和支持者。

另外，孩子天生就有求知欲，对感兴趣的事会刨根问底。为了培养孩子的读书兴趣，我从孩子很小时候起，就每天抽时间陪他们读书，给他们讲故事。最初，我用漂亮的色彩鲜艳的动物、水果卡片吸引孩子的注意，让他们对汉字、拼音有了初步认识。孩子懂事以后，我开始让他们接触一些成语故事、寓言故事，像刻舟求剑、守株待兔、掩耳盗铃等。儿子有一回问我："妈妈，为什么要把九头牛和两只老虎放到一起？"他是这么理解"九牛二虎之力"的！这虽然好笑，但是表示孩子在主动思考！随着孩子渐渐长大，我常给他们讲一些名人故事，如牛顿、爱因斯坦等。待他们想知道更多时，我就告诉他们，这些故事都是我从书上看来的。这可以让孩子明白"读书有益"这个浅显的道理。

当孩子能自己阅读，我经常安排他们看一些简单易懂的故事，如《皇帝的新装》《白雪公主》等，并要求他们复述给我听。我还经常带他们去书店看书，让他们感受浩瀚书海中的墨香。后来，他们能主动地把看到的、听说的故事讲给我听。慢慢地，孩子的读书兴趣越来越浓，知识面越来越广，情商也越来越高。

（胡　曼）

第二节　教师说家教

让孩子爱上阅读

“得语文者得天下，得阅读者得语文。”就中小学生而言，语文确实输不起，也输不得。然而，孩子不爱阅读怎么办？很多家长对此束手无策。究竟有没有让孩子提高阅读兴趣的良方呢？答案是肯定的。那就是运用智慧家教理念，巧施妙计，频出妙招。

○ 投其所好：借助奖励机制刺激孩子持久阅读

有些时候，“狐假虎威”不一定行得通，毕竟老师要面对全班学生。如果老师不方便配合，家长可以用“投其所好”这一招。比如，家长可以通过奖励的方式鼓励孩子。具体的操作可以是灵活的。这样的方式，很多家长用过，但效果不一定好。原因是多方面的，比如家长没有耐心、策略单一、只奖不罚、罚不合理等。家庭教育是需要不断反思、不断总结、不断创新的。

以礼相待：让好书成为无声的“细雨”

比如，凡是重要的日子，给孩子送上特殊的礼物——书。而且，这份礼物不是单一的，是无条件的。也即，你不能买了书就不买别的，不能以书取代生日蛋糕。这既能提高孩子的阅读兴趣，又能培养孩子的良好习惯。

“以礼相待”和“投其所好”是有区别的。前者是给礼物，后者是给奖励。前者是经常性的，后者可能是偶尔的。前者是无条件的，后者是有条件的。

随心所欲：用“随心日记”丰富“读书笔记”

好记性不如烂笔头，说“随心日记”之前，先说说“读书笔记”。我把读书笔记归结为四种形式。第一种是写批注，一边读一边把所感所悟写在旁边。第二种是摘抄，就是摘抄精美段落、语句、词语。许多孩子眼中的妙语佳句就是堆砌形容词、成语的句子，要引导孩子积累描写细节的句子、表情达意很充分的句子等。第三种是写读后感或读书心得。第四种是列提纲，即把值得模仿的文章的提纲整理出来，便于以后写同类型作文时借用。

在孩子养成主动写读后感的习惯之前，可以让孩子写随心日记，即引导孩子随着自己的性子、心情，不受约束地自由记录。

○ 一箭双雕：帮助孩子成立“小伙伴约读群组”

现在的孩子，大多在家里没有玩伴。家长可以帮助孩子组建“小伙伴约读群组”。这既可以提高孩子的阅读能力，又能丰富孩子的业余生活，还能培养孩子的合作精神、团队意识、组织能力等，可谓一举数得。

一个小学生阅读组群，人数 5 人左右即可。人少难以形成氛围，人多又不便于管理。时间安排可以一周一次，半个月或者一个月一次也行。地点的选择要注意室内与户外相结合。适当的时候可以把约读活动与家庭聚会、联谊相结合。寒暑假可以组织约读冬（夏）令营。有条件的可以适当组织在线视频交流。

冰冻三尺，非一日之寒。培养孩子的阅读兴趣，急于求成可能适得其反。希望家长客观分析，找到最好的引导方式。

（黄继森）

心有多大，舞台就有多大

张晓，2021 年从蓬溪中学考入清华大学，成为蓬溪中学又一个考入清华大学的优秀毕业生。或许大家都觉得张晓应该是一名王者级别的“学霸”。实际上，张晓的学习之路经历了属于她的峰回路转。她一路走来，学校教育、家庭教育、家校共育是她在学习上能“柳暗花明又一村”的主要助推器。张晓的清华之路，可以用“心有多大，舞台就有多大”10个字来总结。

张晓父亲在县城开网约车，母亲在民营医院做护工，家里还有年迈的奶奶和正在上学的弟弟。她的家庭经济条件相对拮据。

2015年9月，张晓从鸣凤小学考入蓬溪中学读初中。初中阶段，她学习勤奋、刻苦，并于2018年9月以优异的成绩考入蓬溪中学高中特尖班。她的中考成绩是年级第5名。

高一时，张晓只有数学成绩较为突出。她学习的主动性不够，眼里的求学之光也不强烈。班主任经过长期观察、一对一交流，深入了解了她在家和学校的学习状态和思想动态。之后，班主任与她的家长进行了深入的沟通和交流，并共同制定了有针对性的家校共育方法和实施步骤。

张晓父母充分肯定了自己的女儿，并表示：“她只管努力学习，不要有思想上的负担。她任何的努力成果，爸爸妈妈都会欣然接受并给予认可。”这不仅减轻了张晓的思想负担，还激励她与父母和班主任一起思考和制订适合自己的学习计划，初步规划理想。

经过一年的努力，张晓在成绩上有了明显提升。第二学期期末，全市统考，她考了理科全市第 9 名的好成绩。张晓进入高二后，班主任每个月都会和她父母交流，鼓励他们。在张晓的学习上，班主任和各科老师会随时交流，形成六科教学有机统一的育人格局，对张晓的辅导尽量做到精准高效。张晓先后取得了数学、生物、物理三科国家级竞赛奖项，生物课题研究获省级一等奖。

进入高三后，张晓在第一次模拟考试中有一科考得很差，她急得掉眼泪，班主任及时联动家长实时介入，帮助其寻找原因并加以疏导。之后，她的成绩又得到稳步提升。在报考高校专项时，她对报考清华大学信心不足，觉得自己可能考不上，班主任和她父母又一次帮助她打开了思路，告诉她：心有多大，舞台就有多大！这种不给人生设置上限的思想，再一次给予她信心。她不再怀疑自己，决定报考清华大学，并且坚信自己能做到。张晓最终以 669 分的好成绩，如愿考入清华大学。

从最开始的缺乏目标和信心的优生苗子，到最后考入清华大学的优秀高中毕业生，张晓可以说是家校合作教育的成功典型。同时，我们坚信，在祖国的继续培养和引领之下，张晓一定能发展成为一名优秀的社会主义建设者和接班人，为祖国做出应有的贡献。

（巫定果）

孩子成长中的有效家教

如果孩子是一粒种子，家庭就是孕育他的土壤。如果孩子是一张白帆，家庭就是承载他的航船。诸如此类的比喻不胜枚举，由此可见家庭教育对于孩子的重要性。家庭教育与孩子如影随形。

小瑞是一个9岁的孩子，他的父母经常忙于工作而疏忽对他的管理，平时很少有时间陪伴他。因此，小瑞在学习和生活上都十分放任，常常出现作业拖拉甚至完不成、上课分心、与同学相处总以个人为中心等现象。老师多次教导仍无济于事，渐渐地，小瑞成了老师眼里“棘手的学生”。他的父母虽然着急，但不知道如何有效地帮助小瑞。

老师多次家访，小瑞的父母决定在老师的帮助下改变孩子，因此在老师的指导下制订了一份个性化的家教计划。

首先，培养小瑞的学习习惯。老师计划帮助小瑞养成良好的学习习惯，让他每天定时定量完成作业，并复习和预习课本内容。前期，小瑞的父母会轮流监督、检查，慢慢地放手让他独立完成。同时，他们鼓励小瑞多阅读，拓宽知识面。

其次，训练小瑞的注意力。针对小瑞上课分心的问题，老师采用了一些注意力训练方法，如静坐、冷静思考、专注听说训练等，帮助小瑞提高注意力。

再次，营造良好家庭氛围。老师建议小瑞的父母多陪伴他，参与他的学习和生活。例如，每天晚上全家人一起阅读，周末一起进行户外活动，等等。

最后，做孩子的情绪管理员。老师和家长约定，要关注小瑞的情绪问题，多发现他的闪光之处，教他科学面对挫折和困难，保持积极乐观的心态。

经过一个学期的努力，小瑞取得了显著进步。他的学习习惯得到极大改善，如能按时完成作业、上课时能保持专注等。同时，小瑞遇事不再易怒，不再暴躁。也即，他的情绪管理能力得到了大大提高，他能够积极面对学习和生活中的挑战。最重要的是，小瑞家的氛围变得更加和谐、融洽，全家人都感受到了家教带来的巨大变化。

这个家校共育的成功案例展示了家庭教育的重要性和学校教育的积极作用。转变家长的教育思维，借助家长的个人素养，可以助推孩子的成长。通过专业的家教辅导和家长的积极配合，可以帮助孩子克服学习上的困难，培养良好的生活习惯和情绪管理能力。同时，家教也能促进家庭氛围的和谐与融洽，为孩子的学习、生活、身心成长提供有力支持。

（刘春梅）

虹萍成长记

2021 年 8 月，我因工作调动来到四川省蓬溪县中等职业技术学校上班。带着期许，带着责任，我走上了职教讲台。

第一次陪学生上晚自习，看着讲台下黑压压的一片，我心里不禁一阵嘀咕，这么多孩子，我能管得过来？我来之前听说中职生很难管，而且极度叛逆，甚至有不尊重老师、玩手机、打游戏、早恋、赌博等情况。带着一连串疑问，我跟孩子们有了第一次近距离交流。在交流过程中，一个叫赵虹萍的同学引起了我的注意，他活脱脱一个小刺头，桀骜不驯，目中无人。我当时心想，天哪，这样的学生我该怎么管理？

我在后来的家访中发现，虹萍父母早早离异，他四年级以前跟着妈妈在广西学习、生活，有过打架、逃学、不听老师和家长话的先例，四年级以后转回老家读书。生性好动的虹萍爱打篮球，一有空就出现在篮球场上。有一次，在打篮球的过程中，他的脚受伤了，而且伤得相当严重，他为此休学半年。

由于父亲在广东打工，虹萍回老家后，一直跟着爷爷生活。父亲除了给必需的生活费以外，很少关心虹萍。虹萍对爷爷极度依赖，容不得别人说半点爷爷的不是。生性好玩的虹萍中考后无缘普通高中，来到了中职校。

虹萍的情况跟大多数中职生一样。原生家庭的不幸让孩子没有梦想，没有动力，对自己的未来没有规划。实际上，每一个孩子都不能放弃，孩子是家庭的希望，是祖国的未来。作为老师，我们要联动家庭针对每个孩子进行差异化培养。

虹萍来到职校后，觉得没有前途，因此没有什么理想信念。一天，他因为作业的事情大动肝火，在教室里和我吵了起来，甚至口出狂言，完全不把我这个班主任放在眼里。当时，我气哭了，一番思索过后，请来了他爷爷。爷爷 70 多岁了，专门从乡下赶来学校积极配合老师教育孙子，这让我很感动。后来，因为爷爷的教育，虹萍意识到了自己的错误，诚恳地向我道歉，也取得了班上同学的谅解。

之后，我注意到了虹萍身上的很多闪光点，并及时和他爷爷沟通，随时保证家校教育原则统一。高一下学期，学校迎来了一批体验生。语文老师担任体验班的代理班主任，在我们班征询学生意见，并让孩子们跟新来的学弟学妹谈谈他们的学习和生活。虹萍踊跃报名，可是他那爆炸式的发型，怎么能去当榜样！我说："你可以去，但是你要把长头发剪掉。"他说："你给我批假，我就去剪头。"当即，我就给他开了假条，没想到他为了当榜样还真把自己心爱的头发剪了，他剪了标准的学生头。我想，这是虹萍转变的契机，我一定要抓住。从那以后，我给予了他更多的鼓励和理解，他更有学习的动力了。

慢慢地，我发现虹萍到教室的时间多了。数学是他的强项，他一直喜欢数学，也只学数学。有一次月考，他的数学成绩是全年级第一，这让他在学习上信心大增。我借势鼓励他把英语也学起来，开始时他有畏难情绪。在老师和同学的鼓励下，他每天早上提前到教室学英语。开始时他连英文字母都认不全，于是就从英文字母和音标学起，向同学提问，向老师请教，天天晚上复习。慢慢地，他会读单词了，能理解英文句子了，还能分析句子成分。后来，他在学校举行的记单词比赛中获得了三等奖。

最终，虹萍以优异成绩考取了理想的学校。

（王晓霞）

以爱为基石，共筑学生成长之路

爱的滋养，是成长的基石。家，这个洋溢着爱与温暖的港湾，是孩子心灵的庇护所，更是塑造其独特个性与价值观的摇篮。父母每一句充满爱的话语、每一个充满爱的举动，都如同春雨般细腻，滋养着孩子的心田。作为教师，我们深知家庭在孩子成长旅程中的基石作用，它稳固地支撑着孩子的梦想，引领孩子迈向光明的未来。然而，审视当前家庭教育实践，一些情况令人担忧。部分家长过分关注学业成绩，将分数视为衡量孩子价值的唯一标准，忽略品德、习惯、情感培养的重要性。

这种“唯成绩论”如同无形的枷锁，限制了孩子的全面发展，甚至可能在其心灵投下阴影，影响其健康成长。

一次家长会后，我偶遇两位家长，他们对孩子犯错的态度截然不同。其中一位因工作压力大，常将情绪转嫁给孩子，一旦孩子犯错即严惩，然而常适得其反，不仅让孩子自卑、无助，而且亲子关系越来越紧张。此情此景，我深感责任重大，遂主动与该家长深谈。在交流中，我倾听其困惑，并阐述家庭教育的真谛：每个孩子都是独特的，需以欣赏之心，给予关爱与支持。面对孩子的错误，我们应成为引导者而非指责者，助其从失败中得到成长。经此交流，家长开始反思，并以平和心态面对孩子，关注情感需求，赏识每一点进步，鼓励接受挑战。家长的转变深刻地影响了孩子。孩子变得自信、开朗，勇于面对失败，懂得感恩与分享，并愿承担自己的责任，逐渐成长为有担当的小男子汉。家长对此深感欣慰与自豪，深刻体会到家校合作的重要性。

此案例不仅凸显了家庭在孩子成长中的关键作用，也强调了家校共育的不可替代性。我们不仅要关注学业成绩，更要促进孩子全面发展与健康成长。通过家校携手努力，我们可以为孩子的成长之路铺设坚实的基石，让他们在爱的阳光下自由飞翔，成长为社会的栋梁之材。

爱的力量，温暖而深远。初掌新班级之舵，我遇到了一位忧心忡忡的父亲。他对女儿的爱细腻如丝。电话那头，他的声音里满是深情与忧虑，他诉说着对女儿无微不至的关怀，生怕她在校园受到丝毫委屈。他恳切地望着我，希望我帮他女儿免受欺凌。我以温和而坚定的声音回应他的担忧。这番交流如同春风拂面，不仅缓解了他的焦虑，也在我们之间搭建起信任的桥梁。接着，我与他做了深入的交流："您对孩子的爱，如同春日暖阳，温暖而宝贵。但请记得，阳光虽好，过犹不及。孩子的成长，既需要阳光的滋养，也需要风雨的磨砺。作为家长和老师，我们的责任是引导他们勇敢面对挑战，学会自我保护。"我给他讲了一个故事，班上一个孩子勇敢地面对误解，通过积极的沟通和自我反思，最终化解冲突，赢得了同伴的尊重。我强调："这就是成长的魅力，每个孩子都拥有解决问题的智慧。当您的孩子遇到挑战时，一个温暖的拥抱，一句'我相信你，我会支持你'，也许就是她坚强的后盾。"随着时间的推移，这位父亲逐渐转变了教育方式。他不再是那个事事包办的"超级英雄"，而是女儿最坚实的后盾。他女儿也在不断的尝试与挑战中，逐渐展现出卓越的领导力和解决问题的能力，最终凭借实力赢得了同学的信任，并且被选为班长。

见证孩子成长过程的家长能深刻体会到，适度而充满智慧的爱，才可以让孩子学会飞翔，让亲子关系更加和谐。这场家校共育的旅程，不仅可以为孩子的成长之路奠定基石，也可以让父母学会以更加理性和智慧的方式去爱，从而为孩子的未来点亮一盏明灯。

很多家长满怀憧憬，偶尔迷茫，常言：“我学识有限，恐难以独当一面，还需老师多多费心。”此言足显家长对家校合作重要性的认识不足。教育，实则是家长与教师并肩同行、携手共进的征途。

（冯　霞）

第三节　孩子说家教

严格管教与情感需求

“小华，你看这几个字你怎么又写错了？”爸爸正皱着眉头检查我的作业，上四年级的我压力巨大。

爸爸妈妈平时非常忙，经常早出晚归，但是这并不影响他们监督我学习。我仿佛一台学习机器，除了学习，其他都不需要操心。在他们眼中，我好好学习就行，成绩只能升不能降。

别的小朋友放学后就能回家，但是我不一样，完成了学校的学习，我还要去辅导班。辅导班旁边有一间画室，每次路过，看到里面的小朋友在画画，我都很羡慕。我喜欢画画，但是我不能去画室画画，我只能低着头走进它旁边的补习班，学习文化知识。

我的生活好像只有学习，尽管我的成绩在班上总是前几名，但是我并不开心。班上的同学常常组队玩游戏，我只能在旁边看着他们玩，悄悄学习游戏规则。当我学会了一个游戏，他们又开始了新的游戏。因此，我总是个游戏新手。他们不愿意和我玩，我显得格格不入。

我讨厌这样的生活，我讨厌我的爸爸妈妈，我讨厌只有学习的世界。我想和同学一起画画、一起游戏，而不是到哪儿都孤零零的。

我希望爸爸妈妈多关注我的身心健康，多培养我独立思考和解决问题的能力。我希望他们能抽出时间与我进行有效沟通，了解我的需求和困惑，关注我的兴趣和爱好，为我营造一个和谐、温馨的家庭氛围，让我在轻松愉快的环境中成长。

（唐溶梅）

舒舒成长记

10多年前，伴随着一声啼哭，一名女婴呱呱坠地。“五号床女士，你的孩子出生了，重6.88斤，是个小公主！”护士说。然而，这个不算年轻的妈妈，脸上似乎并未展露喜悦之情。这位女士当时33岁，这是她的第一个孩子。这个女婴就是我。

我出生未满两个月，母亲再度怀孕，并于次年诞下一对双胞胎兄弟。或许是受当时社会风气影响，男娃娃在家里终究更金贵些，我在家中总是不那么受重视。

有一次，一个邻居对母亲说："反正你已有两个男娃娃了，把这个女娃娃给我好了，我给你们些补偿。"说罢，他便从兜里掏出一万元现金摆在桌上。爷爷、奶奶、父亲都很开心，唯有母亲心生不舍，悄悄将钱归还邻居，把我抱了回来。

时光荏苒，转眼间我到了该上幼儿园的年纪。母亲告诉我，她因为要外出务工，所以决定将我交由外婆抚养。外婆年事已高，我每天独自去幼儿园，独自回家。每天放学，看到门外来接其他小朋友的家长，我总会想起妈妈的叮嘱，总会把对这份爱的艳羡默默藏在心底。

之后，我先后跟随妈妈在深圳、郑州等城市读书，妈妈的坚韧磨炼了我的意志。初中毕业，我回老家读书。多年在外地生活的我，不太适应老家的一切，甚至连四川话也不太会讲，常受到同学冷落，遭遇校园欺凌和孤立。因此，我患上了抑郁症。我学业基础薄弱，无奈去了职高，就读学前教育专业。

高一结束后的暑假，我不想读书了。这时，母亲朴实的话语再次温暖了我，她告诉我："只要你努力，有想法，条条大路通罗马。你看得起自己，别人才会看得起你。"从此以后，我不再烦恼，不再浑浑噩噩，心中有了目标。

高二时，老师推荐我去参加各种志愿者活动。我积极参与，并努力完成任务，获得了大家的赞赏。我十分开心，终于有人认可我了。之后，在老师的引荐下，我参与了播音主持、解说、随车服务等能够展现普通话能力的多种公益活动。这些活动，不仅锻炼了我的记忆能力，还让我站在台上不再紧张，更让我学会了各种突发状况的处理方法。同时，我还结识了许多可爱的、有趣的大姐姐和大哥哥。在活动中遇到困难时，哥哥姐姐们会给予我极大的鼓励和支持，我很感谢他们。但我最应感谢的人是妈妈，每次成功后我都会得到妈妈的鼓励。

如今，我终于踏入了大学的校门，如愿选择了播音主持专业。也许，当下许多事并非完美，但坚韧的爱一直激励着我努力奋进。我坚信未来一定会越来越好。

（付舒玲）

陪伴是最好的家庭教育

我是武汉大学的一名研究生。在我成长过程中，让我记忆犹新的是妈妈的陪伴和无微不至的关爱。它不仅是我身心健康成长的基石，更是让我成人成才的温暖阳光，照耀着我的一生。

妈妈给我的耐心、爱心与信心

关于耐心。现代父母因工作繁忙，在与孩子交流时，常急于表达自己的意见和安排，期望孩子能无条件遵从。在这种心态下，父母往往缺乏耐心，不能认真倾听孩子的声音，导致孩子与父母沟通不畅，进而加深了两代人之间的代沟。长此以往，孩子可能更加抗拒父母。因此，耐心倾听是建立亲密亲子关系的关键，而我的妈妈就做得很好。

关于爱心。父母的爱能够让孩子更加自信和坚定。在我家，由于爸爸长期在外工作，妈妈在乡镇工作，我长期跟随爷爷奶奶在县城生活、上学。有一个周末，妈妈特意来看我，我的眼中闪烁着泪光，同时也看到了妈妈的喜悦。可能是在我表情变化的瞬间，妈妈感受到了我对她的依赖，自那以后妈妈回城看我愈加频繁，她还常给我带我最爱吃的乡下零食。我曾骄傲地跟小伙伴说，我再也不是大家所说的留守孩子啦！

关于信心。在面对困惑时，妈妈总是用微笑去拥抱生活。在日常生活中，妈妈总是善于发现并赞扬我的闪光点。当我遇到小挫折或犯错时，她总是蹲下身来，耐心倾听我的心声，努力和我一起探寻事情背后的真相。在这个过程中，我体会到了妈妈的亲切、严厉和温暖。她总是教我调整自己的情绪，让我以积极的心态面对和解决困难，从而让我在挑战与磨炼中逐渐成长为更加阳光、自信的人。

陪伴的智慧——理解、尊重与身教

关于理解。中考时，我一举夺魁，荣获全县第一的好成绩，顺利踏入蓬溪中学的志向班，家人与老师都对我寄予厚望。然而，进入高一后，我在学习上始终不在状态，好久都适应不了。老师因此特地把妈妈请到学校沟通，指出我在学习上缺乏自主性和积极性，只是按部就班地完成学习任务。面对老师略显严厉的话语，我情绪崩溃，泪水夺眶而出。我本以为等着我的是妈妈严厉的批评，不料妈妈却沉着冷静地向老师表达了歉意，然后牵着我的手将我带离现场。在那一刻，妈妈成了我最坚实的后盾，最贴心的心理导师。回到家，妈妈和我一起分析了我的学习现状和老师的殷切期望。我慢慢理解了老师的苦心，也坚定了刻苦学习的决心。最终，我以677分的优异成绩考入武汉大学。

关于尊重。跟我讲话，妈妈总是避免使用“我命令你……”“我警告你……”“你最好赶快……”“限你在五秒钟内……否则……”“你应该”“你真笨”“你好坏”“你太让我失望了”“不可以……”等带有负面情绪的言语，常常循循善诱，对我耐心引导。

关于身教。我对电脑编程、安装及电子设备调试等充满浓厚兴趣，妈妈和爸爸便巧妙地利用我的这一爱好引导我学习。特别是在我埋头做作业之际，他们总是默契地坐在一旁，各自专注地阅读书籍，旨在为我打造一个宁静而专注的学习环境。在这样无声的示范下，我自然而然地沉浸于学习之中。总之，他们用自己的言行，引领我朝着健康、快乐的成长之路迈进。

（胡宇义）

我经历的家庭教育

家教，即家庭教育，听起来严肃，实际上贯穿于千家万户。虽然如今的我已成年，但今天我想以一个孩子的视角，谈谈我对家教的认识。

家教是在严格约束中发挥作用的。在我的记忆中，童年是快乐的，同时也是疼痛的。对像我这样的“90后”来说，“竹笋炒肉”“黄荆棍下出好人”从来都不是说说而已。我印象很深的一件事是，在刚刚学会使用筷子时，我总是将食指翘起，妈妈每每见状都会提醒我：“不要把食指翘起，这是对别人不礼貌，不尊重人的行为。”为此我还狡辩：“这就是我拿筷子的习惯，否则我就不会用，夹不起来！”妈妈多次提醒但收效甚微，直到有一天在吃饭的时候忍无可忍，“啪”的一下对着我翘起的食指打过来。从那以后我用筷子时再也没翘起过食指。

严格约束不光指管教，还包括孩子成长过程中一些必要的引导。一棵树苗要想长得好，需要一些外力辅佐。对树苗而言，矫正错误的生长轨迹必定不是轻松的、容易的，但也必须经历苦痛，才能朝着正确的方向健康、茁壮地成长。

我上小学的时候，盛行国乐学习。看着身边同学有的学古筝、有的学琵琶……我也蠢蠢欲动，向父母申请想学一种乐器。父母欣然同意，但提出了一点要求——不能半途而废，然后我就开启了学二胡的征程。我的二胡老师是一位老先生，为人严肃，教学认真，对学生要求极高。我每学一首新曲子都必须在下一堂课上“还课”，要想顺利“还课”，意味着我必须在课余时间下功夫练习。渐渐地，我的兴趣开始消退，学习激情不再，开始打退堂鼓。但无论我如何哭诉，如何死缠烂打，父母都会在我冷静后让我背上二胡，将我送到老师家中，并告诉我再苦再累也要坚持。就这样，“不能半途而废”这几个字在我心中有了具象的存在。

这样的例子有很多，当时的我心怀怨恨，觉得父母太过严厉，但现在我认识到，正是在这样的严格约束下，我变得懂礼貌、讲诚信，养成了坚持、勤劳、勇敢等优良品质。

家教是在寓教于乐中悄然完成的。教育不是只有耳提面命，在休闲、娱乐、陪伴时，也可以完成教育。例如，在旅行中，孩子通过做攻略学习查地图、订车票等一系列技能，通过爬山、徒步等活动磨炼意志，培养克服困难的能力，通过体验不同的风土人情、感受各个地方的历史和风景，拓宽视野，学会尊重与包容。这些都是在寓教于乐中实现的。

我有一个朋友做得一手好菜，并且他也十分享受下厨的过程。在现在这个时代，会下厨、喜欢下厨的年轻人并不多，于是我问他是怎样学会做饭的。他说，他小时候对切菜的模具特别感兴趣，喜欢用模具擦土豆丝、切狼牙土豆，父母见状便开始教他做饭。于是从土豆丝、回锅肉这些家常菜，到红烧肉、干锅虾这种大菜，他的厨艺越来越精湛，他也越发感受到下厨的乐趣。孩子感兴趣，父母善引导，家庭教育就这样在其乐融融的氛围中完成了。

家教是在耳濡目染中实现的。正如我们常说的，孩子是一面镜子，可以映照出父母的样子。

从初中起，我便在外地读书，但是一直以来我们家都保持着这样一个习惯，那就是每周末都跟爷爷、奶奶、外公、外婆一起吃一顿饭。我一直以为这是再平常不过的一件事，直到上大学时舍友向我感叹道："你们一家人感情真好。"现在回想起来，这不仅仅是一顿简单的饭，更是一个家人沟通交流的平台。于长辈而言，吃饭事小，子辈和孙辈的陪伴事大，话话家常也能为长辈枯燥乏味的老年生活增添乐趣。于父母而言，平时工作繁忙，可能难以时时刻刻顾及长辈，通过周末聚餐可了解长辈近况，也能及时帮其解决一些生活琐事。于孩子而言，在饭桌上可以听爷爷、外公讲讲以前的故事，听奶奶炫耀她在菜市场砍价的"战绩"，听外婆嘱咐要多吃绿叶蔬菜，听爸爸对长辈、孩子嘘寒问暖。如此，重视家庭、孝敬父母等一些优良品质就潜移默化地根植在了我的心里。当我长大成人将这些品质外化于行时，家庭教育也就完成了闭环。

家庭是“本”。只有在有爱的土壤里，才能养育出内心健康阳光的孩子，荒漠里长不出参天大树。家教是“术”。家庭教育能帮助孩子扣好人生第一粒扣子、迈好人生第一步。家风是“魂”。在和谐、温馨的家庭氛围中，在一代代家教的传承下，优良的精神风尚、传统美德也逐渐蔚然成风。

（殷侨蔓）

我在逆境中奋发图强

我分享的是我自己的一段励志逆袭之路。我用自己的努力和坚持，实现了人生的转折，收获了希望。从中考落榜到高中经常排名年级前十，我得到了家长的陪伴，老师的耐心教导，社会各界的关注。希望我的故事可以激励更多的人努力前行。

初到蓬溪中学上高中时，我感到无比幸运，同时也心事重重。从大城市成都来到这个偏远小县，我感到十分陌生，甚至有点不知所措。入学第一天，我连最基本的学习用品都未准备好。当老师讲解完入学相关事项后，其他同学都拿出书本做自己的事情，我只能无所事事地东张西望。老师发现后，拿了几本书给我，我也算找到事做。

在新学校，我经常在作文中表达对过去的同学、老师，以及父母的思念之情。同时，我又对新环境充满期待。我有时候希望时间过得快一些，有时候又希望时间能放慢脚步。我万分不舍父亲的离家，又深知父亲为了养家不得不远走他乡的苦衷。我的这份认真的态度和对家人的深深眷恋给老师留下了深刻印象。老师从学习到生活给了我无微不至的关怀和照顾，还主动和我的父亲联系，反映我在学校的优良表现。在老师的鼓励下，第一次月考，我考了班级第三、年级前50的优异成绩，还被选为班长。我的表现得到了老师和同学的肯定，这激励着我不断努力。

在学习上，我努力克服语文和英语方面的短板，发挥数学和物理方面的优势，在竞赛中还取得了不错的名次。

在老师的引导下，我的作息规律了，我的饮食均衡了，我也经常参加体育锻炼。我还参加了民航飞行员的体检。

经过三年的不懈努力，我成为年级前十的优秀学生，得到了家长和老师的肯定。他们每一句关心的话语和每一个和善的微笑，都可以让我化压力为动力。我就是在这种情境中奋发图强，走出了属于自己的一片天地。

（吴俊明）

第四节　社会说家教

授之以鱼与授之以渔

我是一名环保工作者，说到家庭教育，有很多发生在身边的案例。

曾经看过这样一段视频：一个年轻男子在食堂津津有味地啃食排骨，他的脚边有好几块骨头，视频下方配的两行文字令人深思："很好奇，什么样的单位或学校会有这样没素质的人？""帅气的外表，肮脏的灵魂！"

小伙子的行为着实令人不齿，然而冰冻三尺，非一日之寒，他的行为应该不是偶然现象。正所谓"养不教，父之过"，儿时的教养决定了成人后的素养。家庭是孩子的第一所学校，家长是孩子的第一任教师，教孩子学做人、学做事，绝不能排在智育之后。

一日，我正在街头，迎面走来一位嚼着零食的小姑娘。她不认识我，但我认得她，她是朋友的孙女，一个奖状拿到手软的“学霸”。就在我俩即将擦肩而过的一瞬间，我脚边出现了一个废纸团，是她扔的！我有些惊讶，但转念一想：孩子那么优秀，这应该是她不小心掉的。然而，我走过十来米回望的时候发现，她正在拍粘在手上的零食残渣，而零食袋正在空中飘着。这一幕很刺眼！

在家庭教育中，不要只盯着孩子的学业，不要只盯着考试分数，还要施以行为习惯养成教育，甚至要把习惯养成教育当作教育重点，比如学习习惯、生活习惯、行为习惯等。正所谓“求学路上学做人，谋生路上会做人”，无论你的孩子长大后从事什么行业，在社会大熔炉中处于什么地位，良好的行为习惯将影响其一生。

（易　明）

孩子的启蒙教育

我是一名社区工作人员，在社区家长学校工作时，常常遇到很多关于孩子早教的家庭教育问题。

长期以来，“不让孩子输在起跑线上”这句育儿口号喊得很响。然而，我们不禁要问：孩子参加了早教班就赢在起跑线了吗？孩子奔走于各种培训班就赢在起跑线了吗？孩子多才多艺就赢在起跑线了吗？

相当一部分家长其实并未反思过这些问题，他们将注意力更多地放在了孩子的学业上，忽略了孩子的品行问题，忽略了孩子的心理健康问题，后果是很严重的。且不说家庭经济负担和家长精神层面的负担，单就孩子本身而言，虽然大部分孩子能如愿升学，一部分孩子拼尽全力可以升学，然而有些孩子是以牺牲成长中的快乐和身心健康为代价的。尤为痛心的是，还有一部分孩子，因患上抑郁症而付出健康甚至生命代价。

这样的后果，这样的代价，不只是孩子本人及家庭的悲剧，实际上也是社会的悲剧。在类似的背景之下，“双减”政策落地生根。在这之后，社会面的“卷”得到了一些抑制，但来自家庭的“卷”依然大行其道。在育儿的路上，不管是主动“卷”还是被动“卷”，都一定要清醒地认识到，“刷题”也许可以造就“学霸”“考霸”，但不一定能造就健康的人，不见得能成就社会需要的人才。

家长领着孩子步入人生赛道的起点，不能找错了起跑线。阳光快乐，身心健康，向善而行，向上而行，善思而行，坚毅笃行，才应该是育儿的重要目标。父母都希望孩子将来有出息，但如果培养孩子的理念和方法欠妥甚至失当，那可能会事与愿违。

“家庭教育是一门艺术，需要父母有耐心、爱心和智慧。”智慧家教确实是一剂良方，育儿须循良策，家庭教育要讲究智慧。在智慧家教的路上，家长要不断地更新理念，不断探索方法，不断总结经验，以更好地适应孩子的成长需求，真正成为孩子生命中智慧的陪伴者。所以，我在此呼吁，家长朋友们，让我们携起手来，注重孩子的身心健康，争取将孩子培养成健康快乐的人。

（成　佳）

我眼中的家教

当今社会，家庭教育的重要性日益凸显，不仅关系着孩子的个人成长，也影响着学校工作的开展，还影响着社会的进步与和谐。然而，随着社会的发展和变迁，家庭教育面临诸多挑战和问题，尤其在农村家庭。本文将以“关爱缺失”为关键词，探讨如何在家庭教育中实现平衡与和谐。

在农村，很多父母在外打工，孩子在家由祖辈照管。他们不仅要忙家务，还要种庄稼，没有过多时间和精力照顾、引导和陪伴孩子，导致关爱缺失的现象屡见不鲜。

例如，有一个姓段的同学，由于父母离异，在家中只有父亲和两个妹妹做伴。父亲从来不教育他们，整天游手好闲。他学会了撒谎，对长辈没有礼貌，不爱学习，爱搞破坏，在学校里经常欺负同学，经常逃课，还有小偷小摸的毛病。这不禁让我意识到家庭教育的重要性。家长不仅要做好引领示范，也要学会引导和教育，更要让孩子树立正确的价值观和人生观。

社会上，有许多家长以管不了为由，放弃孩子，让孩子放纵自己，导致孩子在校一个样、在家一个样。如此，学校教育不能和家庭教育有机衔接，教育失去持续性，减弱学校教育的效果。也有家长对教育认识不够，认为教育是教师的事情，引导孩子成长是学校的事情。其实，良好的家风和家长的言行，对孩子的品质、品德更能起到引导和教育作用。要想孩子全面发展，家、校、社的协调与协作密不可分。家庭教育是不可或缺的基础教育，应占有一定主导地位。

孩子在家庭生活中缺少关爱和陪伴，感觉不到温暖，得不到家长重视，易对生活失去希望，甚至用一些破坏行为吸引他人注意。

家庭教育是一门科学，家长要利用各种资源学习，把孩子的成长当成自己人生中最重要的事情。

很多家长对孩子的关心仍然停留在吃饱穿暖的层面，他们觉得孩子年纪还小，在学校有老师教育即可，甚至不明白孩子读书的真正意义。我们要引导家长提高认识，让他们引导孩子做一个社会需要的人。

（严　俊）

以爱陪伴　循循善诱

在开展特殊辅导教育的过程中，我遇到了赞赞。他将近2岁，只能说几个叠词。和其他小朋友相比，他语言发育迟缓。身边很多人都说：“男孩子本来长得就慢，大一点就好了。”但孩子的家长并不这样认为，他们咨询了儿童发育方面的专家，专家建议做干预训练。“训练”一词比较敏感，有些人戴着有色眼镜看待训练，有些人认为完全没有必要。

按照心理老师的指导，孩子的爸爸妈妈将家庭的养育模式由之前的“放养”变成了“深度陪伴”。

接近2岁的赞赞每周上三次课。他要在词语与事物之间建立联系。他回家后，家长会引导他说这是什么、那是什么。这样的日子持续了很长一段时间。赞赞的第一位老师建议停课，但还是需要家庭干预，每天保证4小时深度陪伴与训练。

赞赞2岁半的时候，家长领着他去重庆做相关训练。赞赞身上尤其突出的问题是规则意识差。他初入幼儿园的时候，老师经常反馈，他在教室里坐不住，老爱乱跑。这就需要做专注力、思维逻辑等训练的时候，减少干扰物的陈列。在训练室可以达到这个要求，但是在家里这是非常困难的，家长能做的就是尽量保证某个角落或者孩子的桌子没有干扰物。一个月后，在训练室里，赞赞基本能坐住，但在幼儿园里仍会乱跑。

在教育的过程中，很多人会问："什么是干预？什么是训练？是不是只有特殊儿童会做干预训练？"我想说的是，家长要放下手机，变着法陪伴孩子，并不是你在孩子身边就是陪伴。更重要的是，你要懂得孩子在想什么、需要什么，要参与到他的成长中去，要在日复一日、年复一年的教育中，用爱拓宽孩子的成长之路。

（薛　琳）

家校社联动，共同构筑孩子成长的舞台

从事社会工作不久，征集工作案例时，我听到了一个关于家校社联动成功育人的故事。

2023 年 9 月 1 日由新会学校转到实验小学时，田超体形瘦小，面色苍白，眼睛无光，精神倦怠。他爸爸长年在外打工，母亲有智力障碍，姐姐田静上小学六年级。经过学校老师一年的教育，他进步飞快。

刚转至实验小学时，田超"三天打鱼，两天晒网"，找各种理由不上学。更让人头疼的是，他早晨一上校车就睡觉，来到教室放下书包就呼呼大睡，甚至握着笔时都能睡着。学校感到情况十分严重，就叫来田静了解情况，原来田超每天通宵玩手机。

他妈妈不能与人正常交流，管不了孩子。老师便把田超的情况通过电话告诉田超爸爸，叫他一定想办法管理好手机。第一次电话家访有一点效果，至少田超每天能按时到校了。

后面，老师持续跟进，从多方面培养田超的兴趣爱好；在班上通过不同的主题活动，反复宣传玩手机的危害；时常和田超爸爸保持电话沟通，建议他每晚定时打电话回家，监督孩子按时睡觉。慢慢地，田超的成绩提高了，但坏习惯还是隐隐存在。

由于田超的情况特殊，老师又邀请学校分管校长、新会镇妇联工作人员、里坝村书记等一行人去田超家家访、慰问、送爱心。在村委会的帮助下，在田超叔叔的直接管教下，田超的学习状态越来越好。在2024年6月的期末考试中，他的成绩在全年级名列前茅。

教育是一个系统工程，需要学校、家庭、社会共同参与。我们一定要加强家校联系，如此教育才能真正发挥其育人功能，才能真正达到“教育一个孩子，带动一个家庭，影响整个社会”的教育效果。

（邓　英）

后　记

智慧家教正逐渐改变着传统的家教方式。首先，智慧家教提供了更加便捷的学习方式，我们可以随时查阅和使用教学资源。其次，智慧家教实现了全方位的个性化教学，提供了个性化的学习内容和教学方法。最后，智慧家教促进了家校合作，将学校、家庭和教育联系在一起，实现了信息互通和资源共享。

《溪畔成长　智慧家教》以全面提升家长教育智慧和培养孩子综合素质为出发点和落脚点，从智慧家教、家教宝典、家教现场、案例分享等方面入手，既有较为详尽的理论指导，又有切实可行的家教方法，为家长育儿提供借鉴，是家庭教育、学校教育与社会教育紧密联系的纽带，是家长与教师良好沟通的平台。

《溪畔成长　智慧家教》的成功编写，得益于蓬溪县妇联的组织安排，县关工委、县教育局、县智慧家教中心等相关部门、行业系统的大力支持。来自县内的知名校（园）长、知名教师和文史专家学者参与了编写工作，他们付出了辛勤的劳动。在此，谨向他们致以衷心的感谢！

由于编者水平有限，本书还有很多不尽如人意之处，恳请广大读者朋友批评指正。

本书编委会

2024.12